날씨는 심술쟁이

대한과학진흥회 엮음

스완미디어
SWAN MEDIA

책 머리에

오늘날 우리들은 고도로 발달된 과학 문명의 혜택 속에 살고 있습니다.

우리의 선진 조국 창조를 위해 무엇보다 중요한 것이 과학기술의 개발입니다. 특히 자원이 부족한 우리나라에서 가꾸어야 할 유일한 자원은 과학 기술로 무장한 풍부한 인력 자원입니다.

대한 과학 진흥회에서는 배우는 학생들을 위해 사물을 깊이 관찰하는 습관과 합리적이고 창의적인 과학적 사고를 심어 주기 위한 방법의 하나로 과학 문고를 엮어 내고 있습니다.

과학 문고를 펴냄에 있어서 딱딱한 과학지식을 그림을 곁들여 쉽고 재미있게 이야기로 풀어 써서 학생들이 스스로 원리를 발견하고 재미를 느끼게 함으로써 과학의 여러 분야에 대하여 흥미를 갖고 접근할 수 있도록 하였습니다.

이 책과 더불어 많은 학생들이 과학에 깊은 관심을 갖고 탐구심과 창의력을 기르며 과학을 생활화 할 줄 아는 사람이 되는데 많은 도움이 되었으면 하고 바라는 마음 간절합니다.

기획편찬 **대한과학진흥회**

차례

날씨의 변화는 왜 일어 날까요

소풍가기 전날 밤, '비가 올까, 안 올까' 하고 창문 밖으로 고개를 내밀어 몇 번이고 밤하늘을 쳐다본 기억이 있지요? 깜깜한 하늘에서 반짝이는 별을 찾게 되면 그제야 눈을 감고 잠자리에 들었던 그러한 경험을 누구나 한 번쯤은 갖고 있을 것입니다.

바깥에서 친구들과 뛰어놀고 있는데 점점 검은 구름이 몰려오더니 아니나 다를까 후두둑 빗방울이 떨어졌던 적은 없었나요? 큰 나무 아래에 몸을 피해 있노라면 잠시 후 거짓말처럼 구름을 열고 해님이 얼굴을 내밀지요.

이렇듯 마치 장난이라도 치는 것처럼 변덕을 부리는 날씨의 변화는 왜 일어나는 것일까요?

"젊어서는 파란 옷, 늙어서는 빨간 옷을 입는 것은?"

하고 묻는 수수께끼가 있습니다. 사물을 빗대어서 재미나게 묻고 답하기를 좋아하는 어린이 여러분은 금방 알아맞출 수 있을 것입니다.

그렇지요, 정답은 매운맛이 있어서 양념으로 많이 쓰이는 고추입니다.

가지의 여기저기에 매달린 원뿔꼴의 초록빛 열매는 익어가면서 차차 빨갛게 변해갑니다.

그렇다면 무엇이 고추의 색깔을 바꿔 놓았을까요? 누군가 몰래 물감을 칠해 놓은 것일까요?

범인은 바로 늘 우리들의 머리 위에서 쨍쨍 내리비추는 햇빛입니다. 햇빛과 빗물 등 양분을 듬뿍 빨아먹은 고추의 변신이지요.

날씨를 만드는 구성 물질인 햇빛, 물, 공기는 서로 어우러져서 농작물의 열매를 탐스럽게 익히기도 하고, 비행기가 지나간 하늘에 길다란 꼬리구름을 만들기도 합니다.

또한 나뭇잎들을 울긋불긋 물들이고, 빨주노초파남보 일곱 빛깔의 무지개를 짠! 나타나게도 합니다.

실마 하고 고개를 갸우뚱거리는 어린이들도 더러는 있겠지요.

자, 지금부터 사람의 마음을 조마조마하게 만들고, 때로는

신나게 해주며 시시각각으로 마술을 부리는 것같이 알쏭달쏭한 날씨의 비밀을 캐보기로 할까요?

날씨의 변화는 지구를 둘러싸고 있는 두터운 공기층인 대기권에서 갖가지 자연 현상들이 일어나기 때문에 생기는 것입니다.

바람이 불기도 하고, 구름이 끼거나 무지개가 뜨고, 비와 눈이 내리는 조화로운 현상들을 통틀어 '날씨'라고 합니다. 여기에 햇빛이 끼여들어 지구표면을 내리쬐면 그곳은 후끈 뜨거워져서 다른 곳의 온도의 차이가 생겨 주위의 공기를 따뜻하게 하거나 춥게 변화시키는 것입니다.

날씨를 다른 말로 일기라고도 합니다. 그렇다고 해서 여러분은 설마 방학이 끝나갈 무렵, 밀린 일기를 걱정하다가 '맞

아! 일기는 날씨와 같은 말이랬지.' 하며 맑음, 흐림, 비라고만 쓰는 건 아니겠지요?

앞에서도 이야기했듯이 날씨는 우리 생활과 밀접한 관계를 맺고 있습니다. 비가 오면 소풍이나 운동회를 미루어야 하는 것처럼 계획이 변경될 수도 있고, 농작물이 자라는 것, 비행기가 모두 뜨는 것, 두꺼운 옷을 입거나 얇은 옷을 입거나 하는 것 조차에도 날씨가 큰 영향을 끼칩니다.

날씨는 날마다 바뀌는데 때로는 예기치 않게 순식간에 변하기도 합니다.

비가 오지 않더라도 만약을 대비해서 우산을 챙겨서 외출하듯이, 언제 변할지 모르는 날씨의 상태를 미리 안다면 얼마나 신이 날까요?

지금부터 예측 못할 만큼 수많은 얼굴을 가진 날씨와, 철마다 아름답게 바뀌는 계절의 정체를 파헤치러 떠나볼까요?

기상 현상을 일으키는 주인공

날씨를 변하게 하는 요소에는 크게 , 태양에너지, 물, 공기가 있습니다.

물이 액체와 고체, 기체 상태로 바뀌면서 구름을 만들기도 하고, 비와 눈을 내리게도 하는 것입니다.

또한 여러 가지의 기체, 원소와 먼지 등으로 이루어진 공기가 물과 합해져서 복잡한 기상 현상을 일으키기도 합니다.

하지만 태양이 있어야만 물이 수증기로 증발할 수도 있고, 높이 올라가 얼음 알갱이가 되어 구름을 만들 수 있게 됩니다.

이렇게 햇빛과 물과 공기가 서로서로 도와서 여러분이 좋아하는 함박눈도 내려주고 때로는 엄청난 비를 품은 사나운 태풍을 휘몰아치기도 하는 것입니다.

지구는 여러 겹의 공기층으로 감싸져 있습니다. 그것을 대기권이라고 하는데 대기권은 땅 위에서의 높이와 온도에 따라 네 가지로 나누어집니다.

땅 위로부터 약 10,000m까지를 〈대류권〉, 10,000~50,000m를 〈성층권〉, 50,000~80,000m를 〈중간권〉, 그 이상의 아득히 높은 위쪽이 〈열권〉입니다.

이 중에서 날씨의 변화를 가져오는 자연 현상들은 전부 땅과 가장 가까운 〈대류권〉에서 일어납니다.

대류권에서는 구름의 모양과 크기, 공기의 움직임과 흐름 등 갖가지 현상이 일어나는데 이로 인하여 맑거나 흐리며 눈이 오고 바람이 부는 것입니다.

태양 에너지의 손길

찬바람이 쌩쌩 부는 추운 겨울날에도 햇볕이 잘 드는 곳에서 있으면 따뜻합니다.

뜨거운 여름날, 넓은 공터에서 야구를 하다 보면 어느 새 온몸은 땀으로 목욕을 한 것처럼 흠뻑 젖게 됩니다. 이럴 때 나무 그늘에라도 잠시 몸을 피해 있어 보면 시원해집니다.

사람들은 누구나 추운 겨울날에는 양지바른 곳에 있고 싶

열권 (80,000m)
성층권 (50,000m)
대류권 (10,000m)

어하고, 햇볕이 따가운 한여름에는 건물이 만들어 놓은 응달이나 나뭇가지가 마련해 놓은 그늘을 찾습니다.

이런 것들은 모두 태양 에너지의 영향 때문입니다.

혹시 여러분들은 한낮에 길을 걷다가 바싹 뒤쫓아오는 그림자를 떼놓기 위해 요리조리 바삐 몸을 움직이는 그림자놀이를 해 본 적이 있나요?

땅에 길게 누운 그림자는 시간에 따라 키가 달라집니다.

참으로 신기한 일이지요?

이처럼 태양 에너지, 쉽게 말해 햇빛의 감추어진 손길은 다

양하고도 재미난 일들을 만들어 냅니다.

가스 레인지로 음식물을 끓이듯 태양열은 바닷물도 데우고, 도시의 아스팔트, 부드러운 모래가 끝없이 이어진 백사장을 뜨겁게 만들기도 합니다

물과 땅과 모래 중에서 어느 것이 제일 빨리 뜨거워질까요?

모래가 넓게 깔린 백사장이 첫 번째로 데워지고, 그 다음이 땅, 물의 순서입니다.

여름에 해수욕을 하러 바다에 갔을 때 넓게 펼쳐진 바다를

보고 환호성을 지르며 백사장을 뛰어 본 적이 있나요??

아마 한시라도 빨리 바닷물에 발을 담그기 위해 신발을 벗어 들고 발을 내딛었다가 "앗! 뜨거."하고 놀랜 기억이 있을 것입니다. 햇빛이 뜨끈뜨끈하게 달궈 놓은 것이지요.

그런데 이게 웬일입니까? 모래사장은 뜨거웠지만 옷을 벗고 뛰어든 물 속은 차가우니 말입니다.

이상할 것 없어요. 물은 천천히 데워지기 때문이니까요. 하지만 더디게 데워지는 대신에 천천히 식으니까 저녁때는 모래보다 바닷물이 더 따뜻하답니다.

양달과 응달에 대한 얘기도 조금 더 해 볼까요?

태양이 직접 열을 보내와서 지표면이나 건물 벽에 닿게 되면 그 주위는 환하고 또 따뜻해집니다.

햇빛이 듬뿍 뿌려지는 양달에서는 풀의 색깔도 선명해지고, 쑥쑥 잘 자랍니다. 입을 다문 꽃봉오리도 활짝 꽃을 피우게 되지요.

반대로 볕 잘드는 양지보다, 선선하고 약간은 어두운 응달에 있는 풀잎은 엷은 녹색을 띤 채 힘이 없거나 볼품없이 키만 삐죽 자라게 됩니다. 때때로 그늘에서 더 잘 자라는 식물도 있기는 합니다.

태양에서 보내 주는 열과 빛이 땅 위를 밝게 만들기도 하고, 따뜻하게 해주기도 합니다.

어때요? 햇빛의 요술을 주의깊게 살펴보고 싶지 않으세요?

다른 기상 요소들과 힘을 모아 다양한 날씨의 얼굴로 모습을 드러내는 태양을 만나러 함께 가보죠.

순환하는 물

'다람쥐 쳇바퀴 돌 듯하다.' 하는 속담이 있습니다. 끝없이 반복하지만 결실이 없다는 뜻이지요.

지구의 4분의 3을 차지하는 물은 쳇바퀴를 돌리는 다람쥐처럼 끊임없이 돌고 돕니다.

하지만 속담의 속뜻처럼 헛수고로 되풀이하는 것이 아니라 열을 받아 떠돌아다니는 기체가 되기도 하고, 차게 하면 고체로도 변합니다.

자신의 모습을 바꾸면서 한 차례 두 차례 계속해서 빙글빙글 도는 것입니다. 그리고 이러한 순환 과정에서 날씨의 변화가 일어나는 것이지요.

변신하는 물의 모습은 세 가지로 나눌 수 있습니다.

구름에서 내리는 비나 늘 출렁이는 바닷물은 액체상태일 때의 모습이고, 열을 받아들이게 되면 수증기인 기체로 떠돌

아다닙니다.

액체인 물은 온도가 0도 이하로 내려가면 얼음이 되어 버립니다. 이 상태가 바로 고체이지요.

그런데 앞에서도 말했듯이 돌고 도는 물의 성질 때문에 수증기가 식어서 다시 물이 되며 얼음이 녹아 원래의 모습인, 액체 상태의 물로 되돌아오기도 합니다.

원을 그리며 제자리로 돌아오는 물의 순환과 날씨가 변하는 것이 무슨 상관일까? 하고 궁금해하는 어린이들도 있을 것입니다.

잘 들어 보세요.

물은 액체와 고체, 기체로 자주 모양을 바꾸면서 땅위를 흘러다니다가 땅 속 깊이 스며들어가기도 하고, 연기가 되어 공기층을 떠돌고 있기도 합니다.

태양이 바다나 고여 있는 물, 조약돌을 품고 흘러가는 시냇물을 내리쬐면 물은 증발하여 수증기로 변하게 됩니다.

이 수증기 중 힘이 센 얼마만큼이 떨어지지 않고 높이높이 올라가다가 섬섬 차가워지는 공기에 휘발려 작은 물방울이나 얼음 알갱이로 변합니다. 그래서 구름이 생기는 것이지요.

뭉게뭉게 피어오르며 하늘에 떠 있는 구름이 물방울과 얼음 알갱이라니!

어느 때는 솜사탕처럼, 때로는 잔뜩 찌푸린 채 성난 회색빛 얼굴로 겁주던 그 구름이 고작 물방울이었다니!

하지만 사실이랍니다. 물방울이나 얼음 알갱이들이 커다란 덩어리로 뭉쳐지면 땅을 촉촉이 적셔 주는 비로 내리기도 하고, 함박눈이 되어 펑펑 쏟아지기까지 하니까요.

그래요. 우리가 흔히 볼 수 있는 물이 이렇게 신기한 날씨를 만드는 것이랍니다.

하지만 태양이 열을 보내 주지 않았다면 있을 수 없는 일이지요.

아침해가 떠오르면 밤 동안 액체나, 추운 겨울이라면 얼음으로 있던 물이 서서히 움직일 준비를 하게 되지요. 끊임없이 돌고 돌아야만 맑은 날씨도 되었다가 흐린 날씨도 되었다가 할 테니까요.

공기의 상하 운동

알록달록한 고무풍선을 불면 팽팽하게 부풀어오르는 일이라든가, 낮동안 하늘이 파랗게 보이거나 저녁나절 서쪽 하늘에 노을이 걸리는 것은 지구에 공기가 있다는 증거입니다.

파란빛은 파장이 짧아서 지표면까지 닿지 못하고 공기 분자나 분간하기 어려운 먼지 등에 부딪쳐 여러 방향으로 흩어지게 됩니다. 그래서 하늘은 미술 시간 도화지에도 파란색으로 칠해지는 것입니다.

반면에 파장이 긴 붉은 빛은 흩어지지 않고 낮은 하늘까지 내려와서 아름다운 노을이 됩니다.

우리는 곧잘 공기의 소중함을 잊곤 하지요. 대기를 지구 중

공기
공기
이산화탄소
산소
질소
아르곤

심으로 끌어당기는 중력의 도움으로 공기를 들이마시고, 내뿜으며 살아가는 데도 말입니다.

공기는 몇 가지의 기체가 섞여 있는 혼합물입니다. 질소와 산소, 이산화탄소, 아르곤 등이 포함되어 있는데 99퍼센트를 산소와 질소가 차지하고 있습니다.

"오존층이 파괴되고 있다!"는 걱정의 소리를 들어보았을 것입니다.

산소와 같은 원자로 이루어진 오존을 많이 갖고 있는 이 공기층은, 지상에서 약 20~25킬로미터 범위에 펼쳐져 있습니다. 이 오존층은 사람에게나 생물에 해로운 영향을 끼치는 태양의 자외선을 막아 주는 고마운 일을 하지요.

그런데 만약, 산업 폐수나 공해로 인해 대기의 오염도가 점점 커지게 되면 오존층에 구멍이 뚫려서 인체에 해로운 자외선이 비치게 됩니다.

공장이나 자동차가 많은 대도시보다 나무와 풀이 많은 시골의 공기가 훨씬 상쾌하다는 것을 여러분도 겪어 보았을 것입니다.

녹색 식물이 광합성 작용으로 해를 끼치는 기체들을 청소해 주기 때문이지요.

어때요. 맑은 공기를 아끼며 깨끗하게 생활해야겠다는 생각이 드나요?

날씨 변화에 중요하게 작용하는 공기의 움직임을 쫓아가 봅시다.

데워진 땅의 열로 공기가 더워지기 때문에 공중으로 올라갈수록 공기는 차갑습니다. 이렇게 바뀌는 공기의 온도를 기온이라고 합니다.

그렇지만 따뜻하면 따뜻한 대로 차가우면 차가운 대로 멈춰 있는 것은 아닙니다.

순환하는 물처럼 공기도 사이클을 만들며 끝없이 아래 위로 이동합니다.

땅의 열을 받아 더워진 공기는 붕글붕글 부풀어올라서 점점 가벼워지며 위쪽으로 올라가지요.

차가운 공기도 가만 있을 수는 없겠지요? 질세라 지상으로 내려와서 다시 더워져 불뚝불뚝 올라간답니다.

이것이 바로 쉴새없는 공기의 움직임이랍니다. 다른 말로 공기의 〈대류〉라고도 하지요.

지금까지 날씨를 변하게 만드는 주인공들을 만나보았습니다.

태양 에너지와 물, 공기가 서로 목소리를 맞춰서 중창을 하듯 날씨를 변화시키는 것이지요.

구름의 정체

날씨가 좋을 때 하늘을 보면 새하얀 구름이 마치 뽀얗게 널어 놓은 이불호청처럼 펴져 있습니다.

주위가 갑자기 어둑어둑해지는 것 같아 고개를 들어보면 어느 새 몰려든 어두운 회색빛 구름이 으르렁거리고 있기도 합니다. 여기에 가끔 우르릉 쿵쾅 번쩍번쩍 천둥 번개라도 끼어들게 되면 어린 아이들은 울상을 짓기도 하지요.

이렇듯 자주 모양을 바꾸며 비와 눈 따위를 몰고는 구름의 정체는 무엇일까요?

앞에서 우리는 수증기가 공중으로 올라가다가 차가워져서 물방울이나 얼음 알갱이로 바뀌어 구름이 만들어지는 것이라고 배웠습니다.

공기 속에 포함된 수증기가 위로 올라가 식어서 차가워지면 일정한 곳에 머물러 구름이 되는 것입니다.

'그렇다면 수증기는 어떻게 모아질까?' 하는 것이 또 궁금해지겠지요.

공기는 바다와 같이 습기가 많은 곳을 지나며 수증기를 모읍니다. 아마 공기는 퍼담아도 채워지지 않는, 어마어마한 바구니를 갖고 있나봅니다.

액체가 기체로 바뀌는 과정을 증발이라고 합니다. 액체나

기체에 흩어져 있던 미세한 입자들이 모여 물기를 머금은 입자를 이루어 가라앉는 현상은 응결입니다.

비, 눈 또는 안개, 우박의 형태로 지상에 내린 물은 강수라고 합니다.

대기 중에 섞여 있는 물은 이렇게 세 가지 형태로 존재합니다. 구름은 바로 물의 순환에서 물이 응결의 형태로 공중에 떠있는 것이지요.

차츰차츰 구름의 베일이 벗겨져 가고 있어요. 평소 구름에 대해 어떤 점이 궁금했었나요? 음- 음- 하지만 말고 이야기해 보세요.

그래요, 구름은 볼 때마다 모양도 가지각색일 뿐더러 어느 때는 땅에 바싹 다가올 듯하고, 또 가끔은 하늘 높이 아득하게 퍼져 있기도 하답니다.

날마다 다른 하늘의 얼굴 표정은 구름의 변화 때문에 생기는 것입니다. 사람의 얼굴도 웃을 때와 화낼 때, 기쁠 때와 슬플 때가 다르듯이 말입니다.

하늘의 얼굴을 좌우하는 구름은 높이와 모양에 따라 몇 가지로 나눠 볼 수가 있습니다

공기가 건조한 날, 하늘 높은 곳에 실타래처럼 하얗게 떠있는 구름은 새털구름입니다.

다른 말로 권운이라고도 하는 이 구름은, 기온이 아주 낮은 상공에 있어서 얼음의 결정으로 이루어져 있습니다. 그래서 물방울로 된 구름과는 달리 윤곽과 형태가 선명하고 아름답습니다.

권운은 날씨가 흐려지기 직전에 뜨는데 곧 날씨가 바뀐다는 암시이므로 서둘러 비 설거지를 하는 것이 좋습니다.

다음은 안개구름으로 불리는 층운이 있습니다. 이 구름은 작은 솜털이 뭉친 것 같은 모양인데 비가 오는 산간지대나 맑은 날 새벽, 너른 평야 쪽에서 볼 수가 있습니다.

층운에는 또 햇무리와 달무리를 선물하는 이여쁜 신부의 면사포처럼 생긴 면사포구름(권층운)과 날씨를 점점 나쁘게 만드는 천막같은 고층운, 뜨자마자 이내 비를 내리게 하는 난층운이 있습니다.

모양에 따라 부르기 쉬운 한글 이름을 가진 구름들을 만나보니 어때요?

맑은 여름날에 꼬마가 그린 엄마의 파마머리 모양으로 떼지어 흘러다니는 구름은 뭐라고 부를까요?

뭉게뭉게 떠돈다 해서 뭉게구름, 즉 적운입니다. 적운에는 이외에도 비늘같이 생겨서 비를 몰고 오는 비늘구름, 동글동글한 회색 빛의 양떼구름, 비오기 전 가장 많이 눈에 띄는 두

루마리처럼 생긴 층적운이 있습니다.

양 옆으로 넓게 퍼져 나가는 이같은 구름 이외에 조금씩 조금씩 모습을 바꿔가는 수직으로 발달한 적란운이라는 구름이 더 있습니다.

맨 꼭대기는 구름 봉우리가 솟구쳐 올라 뭉게구름을 닮았으면서 점점 새털구름 모양으로 퍼져 나가 또 다른 구름을 닮아 버리는, 요술 같은 구름이지요.

굵은 빗줄기의 시원한 소나기를 뿌려 주기 때문에 소나기구름이라고도 하는데 천둥과 번개, 우박도 함께 퍼붓는 힘이 센 구름입니다.

무심코 보아 넘겼던 구름에도 이처럼 다양한 종류가 있는 것이랍니다.

대기가 위로 올라가는 형태에 따라 결정되는 지금까지의 구름 말고 볼록렌즈를 옆에서 보는 듯한 렌즈구름과 비행기구름, 삿갓구름이 있습니다.

높다란 하늘에 수증기가 많고 차가울 때 비행기가 그 속을 지나가면 엔진에서 토해낸 연기가 주변의 수증기를 물방울로 만들어 길다란 꼬리를 단 구름을 만드는 것이 바로 비행기구름입니다.

삿갓구름이란 외따로 떨어진 산봉우리 꼭대기에 걸린 갓

권운 (털구름)
권층운
(털층구름)
고적운 (높쌘구름)
삿갓구름
적운 (쌘구름)
층적운
(층쌘구름)

모양의 구름을 말합니다.

땅 가까이에서 더워진 가벼운 공기가 위로 올라가는 공기의 흐름을 〈상승 기류〉라고 합니다. 이 때문에 다양한 종류의 구름들이 생겨나는 것이기도 하고요.

구름이 생기는 곳에는 반드시 상승 기류가 있고 상승 기류가 있으면 서서히 날씨도 나빠지게 됩니다.

반대로 맑게 갠 곳이나 구름이 잇달아 사라지는 곳에서는 공기를 위쪽으로부터 내려보내는 하강 기류가 있습니다.

오랫동안 비를 내리던 어두운 구름이 걷히고 구름 뒤에 가려져 있던 해님은 하강 기류의 도움으로 얼굴을 내밀 수 있게 되는 것입니다.

비와 친구들

대기는 바다와 육지, 그리고 식물로부터 증발한 물을 수증기의 형태로 싣고 다니다가 비, 눈, 진눈깨비, 싸라기눈, 우박 등으로 지상에 되돌려 보냅니다. 이들을 보관하는 주머니는 다름아닌 구름입니다.

하층의 구름은 대개 물방울이 모여서 이루어집니다. 높은 곳에 있는 구름은 얼음 알갱이로 되어 있고, 중간은 얼음 알갱이와 물방울이 섞여 있습니다.

구름 입자의 크기는 지름이 0.02㎜ 정도로 매우 작습니다. 빗방울은 1~2㎜이며 큰 것은 5㎜나 됩니다.

대기 중의 미세한 수증기가 움직이다가 서로 부딪치고 달라붙어 점점 커져서 무겁게 되면 상공에서 견뎌내지 못하고 떨어지는 것이 비입니다.

비를 뿌리는 구름에는 적란운과 고층운, 난층운 등이 있는데 소나기처럼 빗방울이 굵은 비와 함께 우박이나 번개, 천둥까지 데리고 오는 구름은 적란운입니다. 이에 비해서 고층운이나 난층운은 오래오래 조금씩 가느다란 비를 내리게 하는 구름입니다.

비는 내리는 형태, 계절, 지역에 따라 여러 종류입니다. 6월 말부터 8월 초까지 우리 나라에 내렸다 그쳤다 하면서 계속되는 장마, 짧은 시간에 줄기차게 내리쏟아지는 비는 호우라고 합니다.

이 호우가 지형의 영향으로 한 지역에만 집중되면 집중호우가 되는 것입니다.

여름철에 갑자기 세차게 내리다가 곧 그치는 소나기, 번개와 천둥을 몰고 나타나는 뇌우가 있습니다.

오랜 기간 동안 비가 오지 않으면 가뭄이 되고, 반대로 엄청난 양의 비가 쏟아져 넘치는 물의 높이가 허리까지 차오르는 날씨는 홍수입니다.

예기치 않은 가뭄이나 홍수로 인해 애써 가꾼 곡식이 물살에 휩쓸려 버리거나, 쩍쩍 갈라터진 논바닥에서 말라비틀어지기도 합니다. 이때를 대비해 바다나 강을 가로질러 물의 양을 조절하는 댐이 생겨난 것이지요. 꼭 필요할 때 알맞게 내리는 비는 이름도 정겨운 단비입니다.

무슨 일이든 적당할 때는 보기가 좋듯이 알맞은 비는 농작물에는 물론, 우리 생활에 많은 도움을 주지요.

비의 친구들은 따뜻한 비와 찬비, 눈, 싸락눈, 우박입니다.

비와 우박은 투명한 색인데 눈은 왜 불투명한 흰색일까요?

그 차이는 바로 수증기가 얼어서 된 결정에 물의 막이 한 꺼풀 더 입혀지고 안 입혀지고 하는 것에 있습니다. 충돌한 구름 방울이 물의 막으로 싸이면서 얼게 되면 투명한 얼음 덩어리인 우박이 만들어집니다.

열대 지방이나 한여름에 쏴쏴 쏟아지는 따뜻한 비는 어떻게 만들어지는 것일까요?

구름이 된 입자들은 세차게 위로 날아오르고 상승 기류의 가장 높은 곳에서는 천천히 아래를 향해 떨어집니다. 열로 말미암아 위로 치솟는 속도가 빨라지기 때문이지요.

날씨가 덥기 때문에 얼음 알갱이 없이 물방울로만 된 입자가 낙하하면서 아래에 있던 구름방울에 부딪쳐 한데 어울리고 불어나 자꾸 커지면서 충분히 크고 묵직한 비가 되는 것입니다. 열로 빠르게 데워졌으니 자연석 따뜻한 비가 될 수밖에요.

구름 상층의 얼음 알갱이에 수증기가 달라붙어 더 두꺼운 얼음 알갱이가 되면 떨어지다가 녹은 상태로 내리는 것이 찬비입니다.

그러므로 따뜻한 비와 찬비는 물방울로만 떨어지다가 점점 커진 것과 얼음 알갱이가 눈의 결정이 되었다가 녹아서 고체가 아닌 액체로 내리는 차이라고 설명할 수가 있는 것입니다.

그렇다면 눈은 어떤 과정을 거친 걸까요?

눈은 쉽게 말해 물이 고체 상태로 떨어지는 것이라고 할 수 있습니다.

떨어지는 눈송이를 손바닥에 받아 보면 금방 아하! 하고 고개를 끄덕이게 될 것입니다. 뽀송뽀송한 눈송이는 스르르 녹아서 한 방울의 물로 되어 버리니까요.

구름 속의 공기가 영하로 내려가게 되면 수증기도 얼어 버립니다. 이 수증기가 먼지나 작은 입자들과 섞여 중간에 녹지 않고 내리는 것이 바로 눈입니다.

내리는 도중 여러 개가 엉겨붙으면 탐스러운 함박눈이 됩니다.

눈송이의 크기는 보통 0.5센티미터쯤 되지만, 수천개가 뭉쳐져서 그 크기가 10센티미터가 넘는 눈을 관찰한 기록도 있다고 합니다.

함박눈은 포근한 겨울날에 많이 내려 온 세상을 은백색으로 바꿔 놓습니다. 밤새 내린 눈은 마치 요술쟁이의 신기한 지팡이같지요.

현미경으로 보면 눈은 결정의 모양에 따라 자그마치 80종류, 눈송이의 크기에 따라 약 30종류나 된다고 합니다. 그렇지만 대체로 눈은 육각형 모양이라고 말할 수 있습니다.

눈의 모양과 크기는 온도와 대기 중에 차 있는 상태에 따라 달라집니다.

여러분은 아마 잘 뭉쳐지고 큼직큼직한 눈을 기다릴 것입니다. 그럴려면 기온이 따뜻해야 합니다. 기온이 낮으면 작고 건조한 1개의 눈송이로 내리니까요.

양쪽 두 개의 물체가 결합하기 위해서는 한쪽이 양보해야 하듯이 부분적으로 녹아야만 몇 개의 눈송이가 함께 붙어서 함박눈으로 내릴 수가 있는 것입니다.

눈 이외에 고체로 내리는 것에는 진눈깨비와 싸라기눈이 있습니다.

눈이 지표면 부근의 따뜻한 기온으로 인해 일부분이 녹아 비가 섞인 것처럼 내리는 것이 진눈깨비입니다.

대개 진눈깨비만 계속되지는 않으며 비로부터 진눈깨비가 되거나 얼마간 진눈깨비가 내리다가 비나 눈으로 바뀝니다.

또 얼음 알갱이에 수증기가 달라붙지 않고 낮은 기온서 얼어 버린 물방울과 엉키게 되면 부스러진 쌀알 같은 싸라기눈으로 내립니다.

앞에서 우리는 상승 기류에 대해 알아보았습니다.

얼음알갱이
적란운
상승기류
상하운동
우박

적란운 속의 얼음 알갱이가 상승 기류를 타고 오르내리는 운동을 하다가 점점 비대해지면 더이상 떠다니지 못한 채 땅으로 떨어지는 얼음 덩어리가 있습니다. 때로는 농작물에 피해를 주기도 하는 우박이지요.

우박은 대개 5월과 6월에 많이 내립니다.

구름 속의 공기가 세차게 위로 올라가면 땅으로 떨어지던 얼음 조각이 덩달아 들려 올라가서 더욱 많은 얼음 조각과 뭉쳐집니다. 무거워져서 생긴 얼음 조각이 우박인 셈이지요.

우리가 무심코 지나치는 자연의 변화는 이처럼 일정한 규칙을 통해 일어난다는 것을 알 수가 있습니다.

자연이 만든 발전기

상승 기류가 강하면 구름은 나팔꽃처럼 퍼진 모양을 한 적란운으로 발달한다고 했습니다.

이 구름이 더 큰 힘을 지닌, 시키면 번개구름(뇌운)으로 발달하여 번개를 칩니다.

번개구름 속에는 매우 빠른 상승 기류가 일어나서 얼음 알갱이를 세차게 흔들어댑니다.

이 때 얼음 알갱이가 부서지거나 마찰을 하게 되면 위쪽에는 양전기 , 아래쪽에는 음전기가 발생합니다. 늘어난 양전기와 음전기가 구름과 구름 사이, 또는 구름과 땅 사이에서 충돌하여 번개와 천둥이 일어납니다.

번개구름의 활동이 왕성할 때에는 10초에 한 번씩 전기를 내놓을 수가 있습니다. 그래서 뇌운을, 자연이 만들어낸 거대한 발전기라고 하는 것입니다.

번개가 칠 때는 집 안의 전원을 모두 꺼야 합니다. 또한 우산이나 길쭉한 물건을 머리 위로 올리지 말아야 안전합니다. 번개는 하늘을 향해 뻗치고 있는 뾰족한 부분에 이끌리기가 쉽기 때문입니다.

번쩍! 번개가 공기 사이로 지나갈 때는 순간적으로 높은 열이 발생합니다. 이로 인해 우르릉 쾅! 하는 진동이 일어납니다. 이것이 천둥이지요.

구름 속에서 생겨난 전기가 구름과 땅으로 껑충 건너뛰기 때문에 번개와 천둥이 발생되는 것이라고 할 수 있습니다.

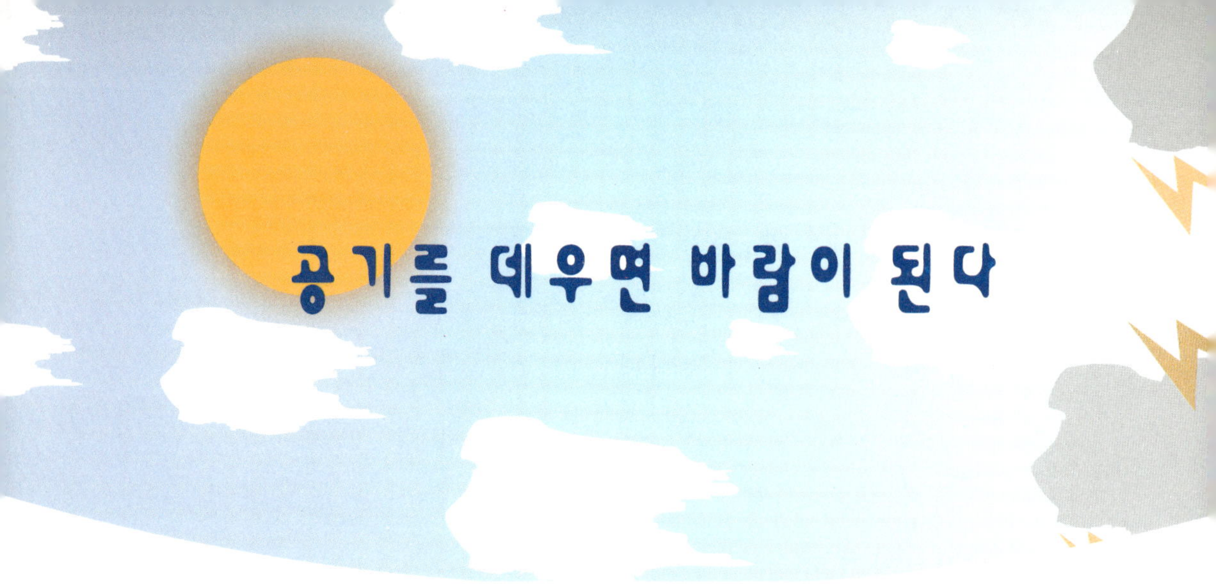

공기를 데우면 바람이 된다

태양열을 받아 가벼워진 공기가 위로 올라가는 이러한 공기의 흐름을 상승 기류와 하강 기류라고 알게 되었습니다.

공기는 수직으로만 움직일까요?

그렇지 않습니다. 우리들은 주위의 많은 움직임을 통해 수평으로 이동하는 공기, 즉 바람을 느낄 수가 있습니다.

새파란 나뭇잎이 한들거리고, 빨랫줄에 널어놓은 하얀 옷들이 날리고, 게양대의 태극기가 펄럭거리는 이 모든 것들이 바람이 분다는 사실을 증명해 주고 있습니다.

따뜻해진 공기가 상승 기류를 타고 위쪽으로 올라가면 빈자리를 메꾸기 위해 주위에 있던 찬 공기가 몰려듭니다. 이것이 바로 바람입니다.

공기의 수직 이동이라고 할 수 있는 기류가 비워 놓은 자리를 잠시 지켜준다고 보아도 되겠고, 상승 기류를 타기 위해 대기하는 상태가 바람이라고 말할 수도 있습니다. 오락 기구에 타기 위해 차례로 줄을 서는 어린이들처럼 말입니다.

상승 기류가 생기는 곳에는 기압이 낮아지고, 하강기류에서는 기압이 높아집니다.

공기는 기압이 높은 곳에서 낮은 곳으로 이동하는 성질이 있습니다. 그러므로 당연히 바람도 고기압에서 저기압으로 불게 되지요.

바람은 어디에서 불어오는 것일까요?

어마어마하게 큰 거인이 후- 입김을 부는 걸까요?

대기의 온도 차이가 생기면 기압에도 차이가 생깁니다. 그렇게 되면 기압의 기울기가 기우뚱해질 테니 대기는 균형을 잡으려고 애를 쓰게 되지요. 여기에서 바람이 생겨나는 것입니다.

양쪽에 앉은 사람의 몸무게가 다르면 시소가 한쪽으로만 기울게 되는 이치와 같습니다. 시소의 균형이 맞지 않으면 재미없는 놀이가 될 테니 무거운 사람은 앞쪽에, 몸무게가 적은 사람은 상대편의 위치보다 뒤쪽에 앉으면 어느 정도 맞출 수가 있듯이 말입니다.

기압의 불균형은 바람을 불러옵니다.

여기에서 잠깐 고기압일 때와 저기압일 때의 날씨에 대해 알아보기로 합시다.

하강 기류를 타고 공기가 내려와 지표면에 쌓이면 고기압이 발생합니다.

따뜻한 공기가 계속 불어나면 기온이 올라가고, 떠있던 구름도 모두 증발해 버립니다. 이렇게 되면 맑은 날씨가 이어지고 바람도 불지 않습니다.

반면에 저기압의 중심부에는 상승 기류가 발생해서 온도를 떨어뜨리고, 수증기를 얼게 하여 짙은 구름을 만들어 내서 비를 내립니다.

바람은 잠자코 한 방향으로만 불지는 않습니다. 나뭇잎이 흔들리는 것만 봐도 바람이 얼마나 자주 방향을 바꾸는지를 알 수 있습니다.

그래서 바람은 불어오는 방향에 따라 다른 16가지의 이름을 갖고 있지요. 북쪽에서 불어오면 북풍, 남쪽에서 오는 바람은 남풍, 동남쪽에서 불어오면 동남풍이지요.

남풍을 다른 말로 마파람이라고도 합니다.

'마파람에 곡식이 혀를 빼물고 자란다'는 속담이 있듯이 남풍이 불기 시작하면 곡식들은 놀랄 만큼 잘 자랍니다.

봄에 부는 동풍은 샛바람, 가을에 부는 서풍은 하늬바람이

공기가 위로
올라간다
공기가 흘러든다
고기압
저기압

라는 고운 이름을 갖고 있습니다.

동-서-남-북을 가리키는 4방위에서 발달하여 16방위를 나타내는 갖가지에 바람의 이름을 붙이면 되는 것입니다.

대왕바람과 부하들

열대지방에서 적운이 발달하여 저기압이 커지면 중심 부근의 최대 풍속이 32미터 이상이 될 때가 있습니다. 이런 때를 태풍이라고 합니다.

열대에서 발생한 거대한 공기의 소용돌이가 태풍인 것이지요.

태풍은 번개와 천둥, 돌풍 따위와 함께 내리는 사나운 비가 수천 개의 무리를 지어 거대한 힘으로 나선형을 만들며 중심부로 모여드는 형태를 하고 있습니다.

우리 나라 한반도를 습격하는 태풍은 여름철의 기류를 타고 7월에서 9월에 걸쳐 힘자랑을 합니다.

그래서 어촌 마을이나 자연의 피해를 많이 입는 지역에서는 태풍을 간직한 저기압이 서서히 다가온다는 기상예보를 들으면 피해를 줄이기 위한 만반의 태세를 갖추어야 합니다.

크기가 지름이 500~600킬로미터인 태풍은 중심부위에

나사선 모양의 두꺼운 구름띠를 갖고 있습니다. 이 구름띠 안쪽의 가운데는 바람의 힘이 약하고 맑은 하늘을 볼 수 있는 '태풍의 눈'이 자리합니다.

폭풍우가 휘몰아치다 며칠 동안 잔잔한 날씨가 이어지는 것은 태풍의 진로가 '태풍의 눈' 안으로 들어갔기 때문입니다.

그러나 태풍이 끝난 걸로 생각하면 큰코 다칩니다. 중심에

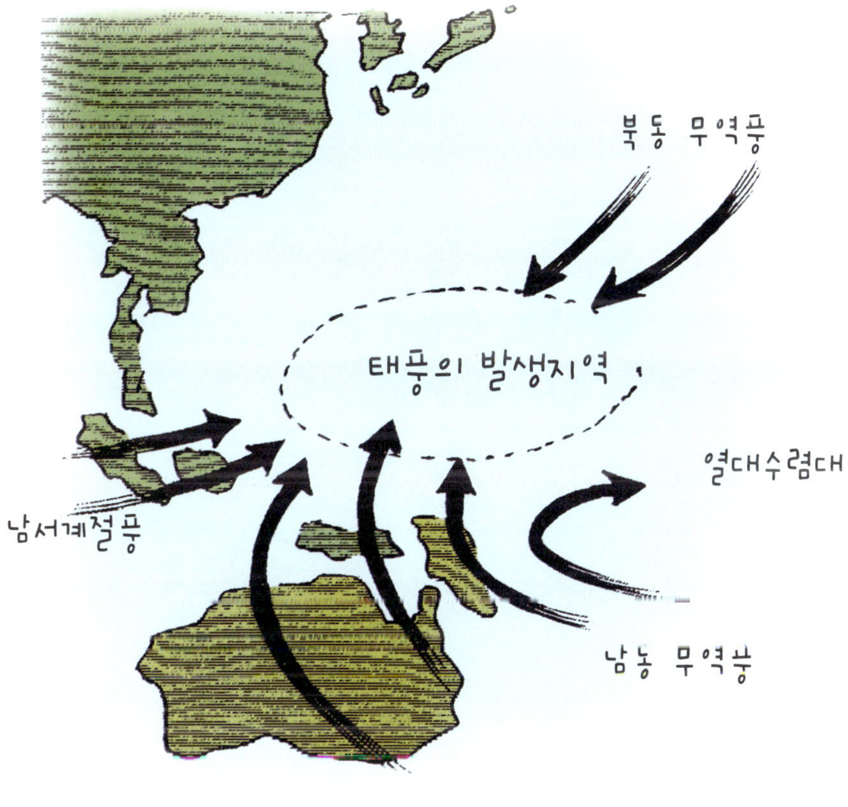

서 50~200킬로미터쯤 되는 곳에는 강한 상승기류에 의해 적란운이 생겨나 이전보다 더 큰 바람과 비를 몰고 오니까요.

어때요, 태풍은 눈을 이용해 이랬다 저랬다 심술을 부리는 것 같지요?

바람은 시계 반대 방향으로 불어 들어갑니다. 제각각의 바람들이 힘을 모으게 되니 태풍의 눈에 가까운 중심부로 갈수록 점점 강해지는 건 당연합니다.

기류에 의해 공기의 수평 이동인 바람이 생겨나고, 강한 저기압의 영향으로 바람의 힘이 강해지면, 태풍이 되는 것입니다.

우르르 적진으로 쳐들어가는 용사들에게 대장이 선두에서 지휘하는 것과는 약간 다르게, 힘이 센 바람들이 서로 뭉쳐서 대왕바람을 만들어내는 것이지요.

열대 저기압의 대기는 수증기를 많이 포함하고 있습니다.

이로 인해 기온이 올라가면 상승 기류는 빨라지고, 기압이 낮아지면서 풍속이 강해져 조금씩 태풍의 형태를 띠게 됩니다.

태풍은 바람의 한 종류로 볼 수 있습니다. 대왕바람의 감투를 씌워서 말이죠.

지역마다의 특성이 제각기 다르기 때문에 '바람은 어디에서 부는가? 무슨 영향으로 부는 것일까?' 에 따라 이름이 다르게 붙여집니다.

그러면 지금부터 자연은 바람에게 어떻게 이름을 선사하는지 알아보기로 할까요?

해안 지방에서는 하루를 주기로 바람의 방향이 바뀝니다. 바다와 육지의 온도에는 차이가 있기 때문에 해풍과 육풍이 생겨납니다.

물은 땅보다 천천히 데워지고 늦게 식는다는 것을 이미 우리는 알고 있습니다.

태양이 솟아오르고 낮이 되면 육지에서는 상승 기류가 움직이기 시작합니다. 육지의 빈 공간을 바다에서 바람을 보내와 메워주지요. 이것이 바로 바다에서 육지로 부는 해풍입니다.

반대로 밤이 되면 땅은 일찌감치 식어 버리고, 바닷물은 따뜻함을 오래 유지하여 이번에는 바다에서 상승기류가 생기게 되지요.

육지는 낮에 받은 도움을 밤에 갚아줍니다. 차가워진 지변에서 바다를 향해 바람을 보내줍니다.

이렇게 해서 낮에는 해풍(바닷바람)이, 밤에는 육풍(뭍바

람)이 부는 것이랍니다.

여기에서 우리는 해풍과 육풍이 바뀌는 그 때는 어떻게 될까? 하는 것이 궁금해질 수도 있습니다.

일기예보를 들을 때 어느 지역에는 비나 눈이 오는데 어느 지역에는 날씨가 맑다고 하면 그 차이가 생기는 중간 지점의 날씨는 어떨까? 가 궁금해지듯이 말입니다.

아침이 되면 밤에 불던 육풍이 서서히 해풍에게 바톤을 넘겨 줄 채비를 합니다.

바다가 거의 다 식어가니까요. 이때는 한동안 바람이 불지 않고 잠잠합니다. 이를 가리켜 아침뜸이라고 하지요.

또한 초저녁에는 해풍에서 육풍으로 바뀌는 저녁뜸이 일어납니다.

밥 지을 때 들이는 뜸과 바람 이름인 아침뜸, 저녁뜸은 친척쯤 될 수 있을까요?!

도시에는 높은 빌딩이 많습니다. 여기저기에 우뚝 선 빌딩이 바람의 방향을 바꾼다면 참 신기한 일이겠지요?

하지만 사실이랍니다. 불어오던 바람이 건물벽에 부딪치게 되면 이전에 진행하던 흐름에 방해를 받아 다른 방향으로 바뀌지고 만답니다.

지형이나 건물이 바람의 진행을 막아 형태를 복잡하게 만들어 버리는 경우를 두고 빌딩바람이라고 하지요.

일년 동안의 우리 나라에 분 바람의 방향을 관찰해보면 계절에 따라 풍향이 다르다는 사실을 알 수 있습니다.

서울에는 차가워진 대륙 쪽에서 태평양을 향해 바람이 불어나가는 북서풍이 활발합니다.

이에 비해 어느 정도 지면이 데워져 봄눈이 녹고 싹이 완전히 움을 틔우는 4월쯤이 되면 태평양으로부터 찬 공기를 실은 바람이 대륙 쪽으로 불어 들어옵니다. 남동쪽에서 치솟아 불어대는 남동풍이지요.

이처럼 일부 지역이 아닌 우리 나라 전체에서 계절에 따라 특징적으로 부는 바람은 계절풍이라고 합니다.

산 위에서 부는 바람 시원한 바람
그 바람은 좋은 바람 고마운 바람…….

이러한 노래가 있습니다. 옛날 옛적, 여름날 나무꾼의 이마에 흐르는 땀을 씻어 주는 이 바람의 정체는 산골바람입니다.

태양열이 내리쬐면 제일 먼저 열을 받는 부분이 어디에나 있게 마련입니다.

산에서는 산봉우리가 제일 먼저 데워지므로 빠르게 공기가 산봉우리를 향해 상승하지요. 그래서 낮동안은 공기가 골짜기에서 산비탈을 따라 꼭대기로 꼭대기로 불어 올라가는 골바람이 불게 되는 것입니다.

그러나 밤이 되면 산봉우리의 공기가 골짜기보다 빨리 식어 버려서 차가워진 위쪽의 공기가 다시 골짜기로 내려오며 부는 산바람이 활동을 합니다.

나무꾼이 뻘뻘 땀을 흘리며 일했다니 한낮이었을 테지요.

산위에서 부는바람
시원한 바람
그 바람은 좋은 바람
고마운 바람

그러니 노래 속의 바람은 산바람과 골바람 중에서 시원하게 더위를 식혀 주는 산바람이 되는 것이랍니다.

여러 바람의 종류 중에서 바람이 불어 머리카락을 나부끼게 해도 아주 덥고, 입 안이 바짝바짝 마를 정도로 건조한 바람이 있습니다.

산을 넘고 바다를 건너 턱턱 숨이 막히게 불어오는 높새바람이지요.

그 옛날 뱃사람들이 '북동풍'을 일컬어 '높새'라고 불렀는데 거기에서 유래된 바람입니다.

우리 나라 늦봄에는 동해안 지방에 고기압이 발달하게 됩니다. 그러면 바닷물이 쉽게 증발하여 대기 속에다 많은 수증기를 만들지요.

습기를 한입 머금은 공기가 태백 산맥을 넘을 때 동쪽인 영동 지방에는 비가 내리고, 서쪽인 영서 지방은 높은 기온과 함께 건조한 날씨가 됩니다.

이 메마른 공기를 이쪽 저쪽으로 옮기는 일을 높새바람이 합니다.

똑같이 한 지점에서 출발한 습기찬 공기가 산맥을 기어오르며 이동할 뿐인데 어째서 두 지방의 날씨는 정반대가 되는 것일까요?

영서지방의 공기가 매우 건조한 까닭은 무엇일까요?

습한 공기는 100미터 올라갈 때마다 0.6도씩 낮아집니다. 동해 바다에서 이동을 시작한 공기는 점점 높은 산맥을 오르며 온도가 떨어지게 됩니다. 그러다가 보면 수증기가 응결하여 구름을 만들어 비를 뿌리지요.

그러나 산맥을 타고 봉우리 끝까지 올라가서는 아래로 불어 내려갑니다.

올라갈 때 온도가 조금씩 낮아진 경우와는 반대로 100미터 내려올 때마다 0.6도씩 올라갑니다. 산맥의 기슭에 도착할 때쯤이면 바람의 온도가 아주 높아져있지요.

머금고 있던 수증기를 영동 지방에서 구름과 비로 내놓았으니 메마를 수밖에요.

이렇듯 높새의 원리는 전천후로 각기 다른 기상 상태를 만들게 되는 것입니다.

높새바람을 '푄' 이라고도 부릅니다.

사전을 찾아보면 푄은 산을 넘어서 불어 내리는 돌풍적인 건조한 열바람을 뜻합니다

농사를 짓는 분들은 이 높새바람을 반가워하지 않습니다. 높새의 가장 큰 특징인 덥고 메마른 공기가 논바닥을 쩍쩍 갈라지게 만들기 때문입니다.

지금까지 중심부에 눈을 가진 대왕바람과 계절의 특징을 살려 불어오는 바람, 지역적 특성에 따라 제각각의 이름을 지닌 바람들을 만나 보았습니다.

한 가지의 분명한 사실은 대왕바람 즉, 태풍의 힘은 부하들을 꼼짝 못하게 만들만큼 어마어마하다는 것입니다.

바람을 이용한 놀이기구

이쪽에서 저쪽으로, 위에서 아래로 때로는 이리저리로 방향을 틀며 이동하기도 하는 바람의 방향을 잘 살펴 놀이에 이용할 수가 있습니다.

눈을 뭉쳐 편갈라 하는 눈싸움 놀이처럼 자연의 움직임 중에서 바람을 이용해 재미난 놀이를 해보면 신날 것 같지 않나요?

네모 반듯한 종이를 모이는 한 지점만 남겨 두고 잘라서 구부리면 네 장의 날개가 만들어집니다.

막대기를 달아 바람 부는 곳에서 이것을 내밀면 빙글빙글 돌아갑니다.

물체를 날리게 하기 좋아하는 바람이 얇은 종이 날개를 마음대로 움직이고자 하지만 종이는 버틸 수 있는 힘이 있습니다. 막대기에 고정되어 사람이 잡아 주니까요.

안으로 끌어들이는 힘을 이기지 못하고 바람은 빙빙 헛걸음을 치는 것이지요.

이러한 원리를 이용한 놀이 기구가 바로 바람개비입니다.

바람이 세게 불면 빨리 돌고 약하게 불면 천천히 도는 바람개비가 선풍기의 조상이 아닐까요?

바람개비와 똑같은 원리로 바람의 힘을 이용하여 동력을 얻는 것에 풍차도 있습니다. 여러 개의 날개를 장치한 둥근 바퀴를 높은 곳에 달아서 바람에 회전하도록 한 것이지요.

바람의 움직임과 성질을 이용한 놀이에는 예부터 전해 내려오는 우리 고유의 민속놀이인, 연날리기가 있습니다.

종이나 비닐로 만든 연에 정면으로 바람을 받도록 하면 바람은 종이를 뒤로 밀기도 하고, 위로 올라가게도 합니다.

창호지 같은 종이로 만들어 공중에 띄우는 연날리기의 원

리이지요.

높고 높은 하늘로 길다란 꼬리를 단 마름모꼴 연이 둥실둥실 떠올라 가면 마음까지 푸른 창공을 향해 날아오르는 듯 신이 나지요.

우리가 흔히 접할 수 있는 연은 가오리연입니다.

가오리 모양으로 생겨서 이름 붙여진 네모 반듯한 연이지요. 긴 꼬리를 달아 띄워 보면 하늘로 오를 때 머리가 꼬빡꼬빡한다고 해서 가오리연을 꼬빡연이라고 재미나게 부르기도

합니다.

명절날이 되면 사람들은 모여서 서로서로 누가 더 높은 곳까지 연을 띄워 올리나를 겨루는 시합을 합니다.

상대편의 연을 이기기 위해 연줄을 움직여 방해를 하기도 하므로 연싸움이라 부르지요. 이 연싸움에서 일어나는 동작마다에는 재미난 명칭들이 있습니다.

일상 생활에서는 거의 들어볼 수 없는 말이랍니다.

우선 연의 모양새를 놓고 볼 때 좌우 귀퉁이에 붙이는 쐐기 모양의 긴 종이는 '갈개발' 이라고 부릅니다.

실을 감는 나무 틀은 '얼레' 라고 하지요. 싸움에서 이기기 위해서는 단단히 준비를 갖추어야 합니다. 싸움터에 나가기 전에 무기의 상태를 점검하듯이 말입니다.

그래서 사람들은 연줄을 빳빳하고 세게 하기 위해 부레 끓인 물을 먹입니다. 이를 '부레뜸' 이라 하지요.

연을 날릴 때 동쪽에서 불어오는 바람은 아랫바람, 서풍은 윗바람으로 통합니다.

경기마다 규칙이 있듯이 연날리기에도 방법이 있는 것입니다. 그래야만 어떻게 하면 좀더 바람을 잘 타서 높이 올라살 수 있는지를 알게 될 테니까요.

연이 올라가는 것과 같은 원리처럼 바람이 불어오고 불어가는 성질을 이용한 기구에 행글라이더가 있습니다.

사람을 태운 화려하고 큰 날개가 훨훨 날아간다는 것은 보기만 해도 신기합니다.

평지보다 강한 산비탈의 상승 기류를 타고 힘차게 날아다니는 것이지요

지금까지 바람의 도움으로 바람개비를 돌리고, 연을 띄우고, 행글라이더를 날려 보았습니다.

어때요, 바람의 힘은 정말 대단하지요?

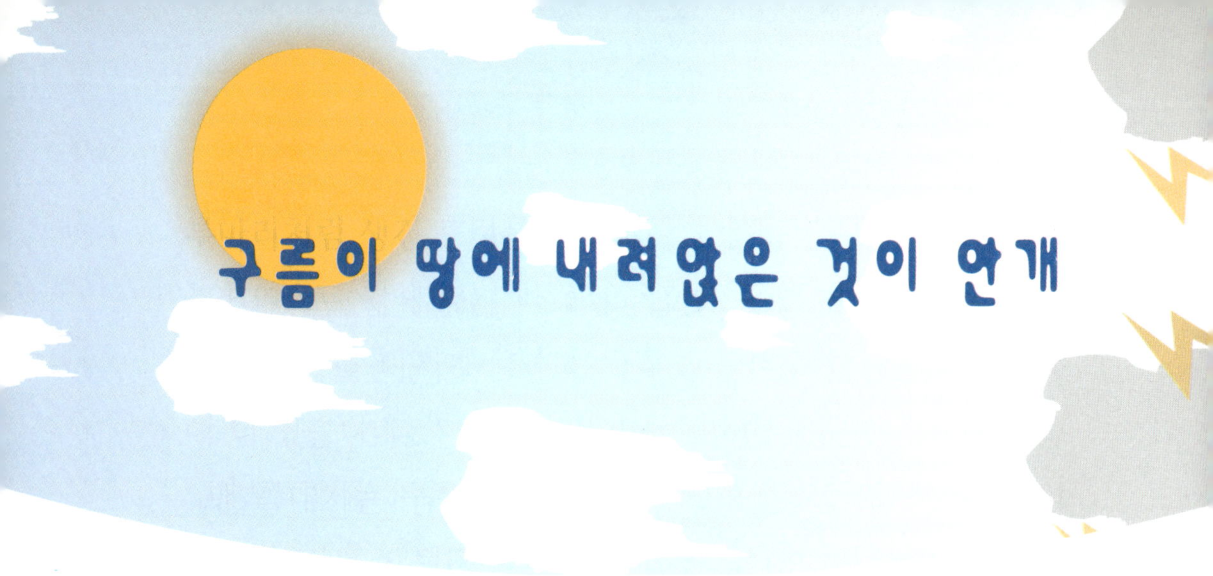

구름이 땅에 내려앉은 것이 안개

자욱한 안개

사람의 눈은 중간에 무언가가 가로막지만 않는다면 꽤 먼 거리까지를 볼 수가 있습니다. 물론 시력이 좋으냐 나쁘냐 하는 차이는 있겠지만 말입니다.

그런데 이따금 눈앞의 사람이나 물체가 뿌옇게 흐려져 보이는 경우가 있습니다. 이것은 엷게 낀 안개, 즉 박무 때문이지요.

한 치 앞도 분간하기 힘들만큼 농도가 짙을 때는 안개가 끼었다고 말합니다.

안개란 공기중에 떠 있는 작은 물방울들의 모임입니다.

그렇다면 안개는 어떻게 해서 생기는 것인지 순서대로 알아보도록 합시다.

물로부터 증발한 수증기가 낮동안 태양열을 받아 기온이 올라가서 공기와 섞입니다. 그 후 밤이 되면 땅이 식으니 공기도 저절로 차가워지지요.

이렇게 해서 밤이 깊어갈수록 점점 더 차가워진 공기는 수증기에 달라붙어 작은 물방울을 이루게 됩니다. 바로 안개가 생겨난 것이지요.

여기서 여러분은 구름의 생성과 안개의 생성이 같음을 알

수 있습니다.

그래요, 안개와 구름은 똑같은 것이랍니다. 다만 발생하는 높이가 낮기 때문에 안개라고 따로 이름 붙여 설명한답니다.

구름이 되지 못하고 지표면 가까이에 떠 있는 안개라 생각하면 혹시 안타까운 마음이 들지도 모르겠습니다. 하지만 사람들은 안개 낀 거리를 걸으며 평소에 느끼지 못했던 운치를 느끼기도 하니까 고마운 일이지요.

그러나 때로는 아침에 사방이 자욱하게 안개가 끼면 운전하기가 어려워 교통에 장애를 가져오기도 합니다.

낮아진 공기로 인해 응결된 수증기의 모임이니까 자연적으로 하루 중에서 기온이 가장 낮은 새벽녘에 가장 짙고, 해가 솟아오르면 증발해 버려 안개는 감쪽같이 사라진답니다.

안개에도 몇 가지 종류가 있습니다.

맑은 날 밤에 땅의 온도가 내려가면서 낮 동안의 열을 발산하고 나면 습기찬 곳에서는 안개가 생깁니다. 이를 복사 안개라고 합니다.

호수나 강 같은 곳에 생기는 안개는 김 안개입니다. 그런 곳에도 안개가 생길까? 하는 의문이 생기겠지요?

밤에 땅 위에서 식어 버린 공기는 낮은 곳으로 흘러 들어갑니다. 차가운 공기가 수면 위를 지나가면서 수면 위의 따뜻한 수증기를 식혀 물방울로 만듭니다.

물은 땅보다 늦게 식으니까 가능한 일이지요.

이렇게 해서 물 위에도 안개가 끼는데 겨울철 동해에 생기는 김 안개, 증기 안개이지요.

공기가 수평으로 퍼져나갈 때 온도 차이가 매우 큰 지역으로 흘러들면 그 공기는 차가운 지표면에 열을 빼기고 냉각해버립니다.

이 때 생기는 안개는 공기의 이동에 의한 이류 안개입니다.

우리가 접하는 대부분의 안개는 이 이류 안개에 해당합니다.

대대로 영국의 런던에는 안개가 자주 끼기로 유명한데 그 이유는 바다에 둘러싸여 있는 지역적인 특성 때문입니다.

찬 바닷물과 더운 바닷물이 자주 부딪쳐 런던을 안개의 도시로 만든 것이지요.

우리는 생활 주변에서도 증발에 의한 안개가 생기는 현상을 흔히 볼 수 있습니다.

목욕탕의 따뜻한 물 위에 서리는 뿌연 김도 수증기가 열에 의해 증발한 안개의 한 종류입니다.

비가 오기 시작할 때 공기가 후덥지근해지면서 뜨거워진 땅바닥으로부터 수증기가 올라옵니다. 이 또한 증발에 의한 안개 현상이지요.

추운 겨울, 손을 호호 불며 길을 가보면 때때로 하얀 입김이 나오는데 이것까지도 안개 현상입니다.

정말 안개의 정체는 우리가 모르고 지냈던 생활의 밀접한 부분에까지 자리하고 있었답니다.

공해가 만들어 낸 스모그

인구가 밀집한 도시나 공장지대에서는 매연과 먼지가 많습니다. 연료를 태웠을 때 생기는 그을음인 매연은 자동차에서 나오는 배기 가스와 함께 공해를 일으키는 주요 원인이 됩니다.

이로 말미암아 공중의 건강이나 생활 환경은 여러 가지 피해를 입게 되지요.

그런데 이 매연이나 더러운 먼지는 대기를 더럽혀서 안개 모양의 기체를 생기게 합니다.

이것이 영어로 연기를 뜻하는 '스모크(smoke)'와 안개를 뜻하는 '포그(fog)'가 합해져서 생긴 스모그입니다.

매연과 먼지 입자는 수증기를 빨아들이는 힘이 매우 강합니다. 그래서 공기는 일정한 조건 아래에서 상승하기도 전에 오염물질이 인위적으로 만든 안개가 되어버리고 맙니다.

이렇게 만들어진 스모그는 한정된 지역에서 바람이 약하고, 높이 올라갈수록 기온이 낮아지는 기상 조건이 뒤따르게 되면 오랫동안 그 자리에 머무를 수 있습니다.

2차 대전 이후부터 자동차가 늘어나 연료가 타고 난 찌꺼기를 배기가스로 내뿜자 스모그의 발생은 심각한 문제거리가 되고 있습니다.

이처럼 산업의 발달과 발을 맞추어 오염 물질이 만들어내는 스모그는 석유에 의해 발생한 것입니다.

신비한 자연 현상

빨갛게 노을이 타고 있어요

해돋이를 시작으로 하루가 열리고 햇빛이 내리쬐는 오후가 지나면 서산 너머로 해가 집니다.

가끔씩 해님은 하늘을 발갛게 물들여 놓고 사라지곤 합니다. 마치 고운 빛 물감을 칠한 듯합니다.

아침 해뜨기 전이나 저녁 해질 무렵에 하늘이 붉게 물드는 노을현상이지요.

노을은 왜 생기는 것이고, 왜 꼭 아침이나 저녁에만 볼 수 있을까요?

그 이유는 태양의 고도가 낮기 때문입니다.

해뜨기 전이나 해질 때 쯤에는 태양의 고도가 하루 중 가장 낮아서 빛이 대기를 통과하는 거리가 멀다고 합니다. 그래서 파란빛처럼 파장이 짧은 빛은 지상까지 내려오지 못하고 높은 하늘에서 흩어져 버립니다.

공간적으로 퍼져가는 진동이나 빛 입자가 물체에 부딪쳐 여러 방향으로 불규칙하게 흩이지는 일을 산란이라고 합니다.

파장이 짧은 파랑, 남색, 보라, 초록 등 파란색 계통의 빛이나 파장이 긴 붉은 계통의 주황, 노랑, 빨간빛은 길이에 상관

없이 높은 하늘에서나 지상에 가까운 곳에서 결국에는 산란됩니다.

빛이 대기를 통과할 때 아무리 거리가 길어도 붉은빛은 영차영차 낮은 하늘까지 도달하여 산란됩니다.

이렇게 해서 우리 눈에 아름답게 비춰지는 것이 노을이랍니다.

이슬과 서리

초롱초롱 싸리잎에 은구슬
대롱대롱 거미줄에 옥구슬

아름다운 노랫말 속의 구슬은 무엇을 말하는 것일까요?

이렇듯 풀잎에 어여쁘게 매달려 있는 이슬은 사람들의 가슴 속에 어여쁨으로 담겨 있습니다.

대기 중의 수증기가 식어서 엉겨 붙기 시작할 때의 온도를 이슬점이라고 합니다.

여기에서 이슬은 수증기가 식어서 지표면이나 건물, 나뭇잎 등에 응결되어 생기는 것임을 알 수 있습니다.

그러나 꼭 밤의 기온이 이슬점 이하로 내려가지 않더라도 물체가 지니는 온도는 그 이하로 떨어질 때가 있습니다.

그것이 바로 이른 아침, 새벽 공기가 쌀쌀할 때 볼 수 있는 광경인 이슬입니다.

수증기가 응결하여 물방울의 모습으로 달라붙어 있는 것이니 해가 떠올라 따뜻한 기운이 감돌면 사라져버리지요. 열을 받아서 공기 중으로 증발하니까요.

이슬과 비슷한 것에 서리가 있습니다.

서리는 기온이 빙점 아래로 떨어지면 대기 중의 수증기가 그대로 얼어 물체에 닿아서 생깁니다. 하얗게 엉겨 붙은 가루 모양의 얼음을 서리라고 부릅니다.

서리는 추운 가을밤에 잘 생기는데 가끔씩 눈이 왔나? 하는 착각을 불러일으키게도 합니다.

머리가 하얗게 센 사람을 두고 '서리를 이다' 라고 하는 말이 생겨난 것도 나뭇잎에 빽빽하게 달라붙은 서리가 흰색이기 때문입니다.

이슬과 서리는 바람이 약하고 햇빛이 있는 맑은 날 밤에 잘 볼 수 있습니다. 바람이 세게 불면 생기지 않고, 그렇다고 해서 바람이 한 점도 없으면 안개만 낍니다.

햇빛과 함께 적당한 바람만이 풀잎에 맺힌 구슬 방울과 하얀 서리를 만들어 내는 바탕을 마련해 주는 것입니다.

날씨를 맞춰 보는 이야기 보따리

바깥에서 행사를 하는 소풍이나 운동회가 있을 때에는 날씨가 맑았으면…하는 소망을 갖게 됩니다.

그러면 우리는 평소에는 무심코 채널을 돌려 버리곤 하던 뉴스 시간을 기다립니다. 끝부분에 있는 일기 예보를 들어보기 위해서이지요.

일기 예보 말고 내일의 날씨를 짐작할 수 있는 방법은 없을까요?

예날부터 우리 조상들이 써 오던 속담을 통해 우리는 그 의문을 해결해 볼 수가 있습니다.

실제로 농부나 어부들이 이용했음직한 일기 속담 가운데는 과학적으로 봐도 올바른 것이 많습니다.

청개구리가 울면 비가 온다

연못가에서 개굴개굴 청개구리가 요란스럽게 울어대면 머지않아 비가 온다는 말이 있습니다.

저기압이 접근해 오면 피부로 호흡을 하는 개구리는 숨을 쉬기가 어렵게 됩니다. 그래서 울음소리가 커지는 게 아닌가 하고 해석할 수 있습니다.

개구리 울음소리를 듣고 난 하루쯤 지나서 비가 오는 확률이 60~70퍼센트나 된다고 하니 믿어도 되겠지요?

저녁 무지개는 맑음, 아침 무지개는 비

우리 나라에서는 비를 몰고 오는 바람이 서쪽에서 불어옵니다.

빗방울에 태양빛이 반사되어서 생기는 현상이 무지개인데 아침에 뜨는 무지개는 동쪽에서 떠오르는 햇빛을 받아 서쪽 하늘에 무지개가 뜹니다.

서쪽에 무지개가 뜨면 그 지점에 구름이 많고 빗방울도 머금고 있다고 보아야 합니다. 얼마 후 서쪽에 떠있던 구름이 동쪽으로 이동해 와서 비를 내리는 것이지요.

서쪽 하늘의 무지개는
비가올 확률이 높데~

저녁에 뜨는 무지개는 비를 오게 하는 바람과 구름이 이미 지나가 버린 쪽인 서쪽에 자리를 잡습니다.

그러므로 비 구름을 만드는 서쪽 하늘은 맑고 동쪽이 흐리다는 증거이므로 날씨가 좋아지는 것은 당연하답니다.

학교를 가기 위해 대문을 나서다가 서쪽 하늘에 떠있는 아침 무지개를 보게 되면 다시 들어가 우산을 준비해 가는 게 좋겠지요?

참새가 아침 일찍부터 지저귀면 날씨가 좋다

조류 중에서 가장 흔하게 볼 수 있는 참새는 잠이 적은 새입니다.

나이가 드신 할머니 할아버지들이 잠이 적어지셔서 아침 일찍 일어나시듯이 참새는 날씨가 맑을 징조를 느끼게 되면 가벼운 깃털을 털며 일찍부터 지저귑니다.

곡식에 해를 끼친다 하여 논에는 참새를 쫓기 위해 허수아비를 세우기도 하지만, 맑은 날씨를 알려 주는 이른 아침의 참새 소리는 반갑게 들릴 수가 있습니다.

종소리가 또렷이 들리면 비가 온다

날씨가 좋으면 태양열을 받아 지면이 따뜻해집니다. 이렇게 되면 지면의 도움으로 공기의 아래층까지도 따뜻한 기운을 받게 됩니다.

지면이 데워 주는 공기는 높이에 제한을 받게 되어서 공기의 위층은 차가운 그대로입니다. 아래층과 위층에 온도의 차이가 커지겠지요?

이 때 소리는 위쪽으로 올라가는 성질이 있어서 차가운 공기의 방해로 멀리까지 잘 울려 퍼질 수가 없습니다.

그러나 구름이 많이 끼고 햇빛이 약해지면 지면은 충분히 데워지지 못합니다. 이 때는 공기의 아래층과 위층 사이에 밀도 차이가 작을 테니 소리는 위로 올라가지 않고 수평으로 퍼져 나갑니다.

댕그렁 댕그렁 꽤 먼 곳에서도 교회 종 소리를 또렷하게 들을 수가 있게 되지요.

저녁노을은 맑은 날씨를

불타는 듯 하늘을 물들이는 노을이 해가 질 무렵에 나타나면 다음 날은 날씨가 좋다고 합니다.

왜 그럴까요?

그 이유는 과학적인 사실을 들어 얘기해 보면 쉽게 풀립니다.

지구는 동에서 서로 자전을 하고 있습니다. 그러므로 지구를 둘러싸고 있는 대기는 서쪽에서 동쪽으로 이동하는 것처럼 보이지요.

노을은 태양 빛이 지구의 대기 속을 비스듬히 지나갈 때 생기는 자연 현상입니다.

그런데 그 때 서쪽 하늘에 구름이 잔뜩 끼어 있다고 생각해 보세요. 구름이 가운데서 막고 있으니 붉은 빛은 사람의 눈이 볼 수 있는 거리까지 내려오지를 못하게 됩니다.

그러므로 저녁노을은 서쪽 하늘이 구름없이 맑을 때라야 눈에 보입니다.

다음 날이 되면 노을을 내다 걸었던 맑은 서쪽 하늘이 우리가 있는 곳까지 이동해 와서 맑은 날씨를 선물하지요.

비행기 구름이 짙으면 차차 흐림

증기 기관차가 칙칙 폭폭 지나갈 때 굴뚝으로 하얀 연기를 끊임없이 피워 올리는 것처럼 이따금씩 하늘에는 비행기가 만들어 놓은 하얀 구름이 길게 이어지기도 합니다.

비행기 구름이라고 부르는 이 현상은 제트기 엔진의 배기 가스가 높은 창공 속에서 갑자기 차가워져 구름으로 변해 일어납니다.

공기 중에 수증기가 많으면 습기가 많을 때 축축한 것처럼 곧 날씨가 나빠진다는 징조입니다.

비행기구름이 지상에 있는 사람들의 눈에 긴 꼬리로 보여

질 수 있다는 것은 수증기가 많기 때문에 가능합니다.

하늘 높은 곳에서 멀리로 날아가는 비행기를 쭉쭉 뻗어간 구름을 통해 눈으로 쫓을 수 있다고 해서 마냥 좋아할 수는 없겠지요?

햇무리나 달무리가 생기면 비

높은 하늘에 날씨가 흐려질 때 흔히 나타나는 권운이 있으

면 달이나 해 둘레에는 둥근 테가 둘러집니다.

달 언저리에 둥그렇게 둘리어 구름같이 보이는 허연 테를 달무리라 하고, 해의 둘레에 나타나는 흰빛의 테를 햇무리라고 합니다.

햇무리는 권층운의 얼음 조각에 빛이 반사하여 생기는 현상이지요.

이렇게 햇무리나 달무리가 서면 저기압이나 온난 전선이 접근해오고 있다는 예고로 보면 됩니다.

대기의 기압이 주위보다 낮은 상태인 저기압일 때나 따뜻한 기단의 세력이 강하며 찬 기단을 밀어 내면서 나아갈 때 생기는 온난 전선은 비를 몰고 옵니다.

별빛이 깜빡이면 바람이 불 것이다

엄마에게 야단을 맞고 훌쩍거리며 밤하늘을 올려다본 적이 있습니까?

밤하늘에 반짝반짝 빛나는 별을 발개진 눈으로 쫓아가다 보면 어느 새 마음은 누그러집니다. 자연이 주는 말없는 아름다움이 우리의 마음을 밝은 희망으로 채워주기 때문이지요.

그런데 가끔씩 별이 깜박거려 보일 때가 있습니다. 그러면 우리는 '어! 별이 위태롭잖아!' 하고 놀라기도 하고 행여 별똥별이 떨어질까 후닥닥 소원을 떠올리기도 합니다.

별이 깜박이며 밝게 보이는 이유는 상공에 강한 바람이 불어서 별빛이 휘어져 꺾여 보이기 때문입니다.

하늘 높은 곳에 있던 강한 바람이 시간이 흘러 다음날이 되면 아래로 내려오게 되므로 지상에 거센 바람이 휘몰아치게 되는 것이지요.

제비가 낮게 날면 비가 온다

3~4월에 날아와 처마끝에 집을 짓고 살다가 9월경에 따뜻한 남쪽으로 날아가는 새가 제비입니다.

제비는 봄이 온다는 것을 알려주므로 사람들은 긴긴 겨울 동안의 두터운 옷을 벗을 수가 있습니다.

제비가 쉬지 않고 하늘을 날아다니는 것은 먹이를 구하기 위해서랍니다. 제비는 날아다니는 작은 곤충을 잡아 먹고 살기 때문이지요.

그런데 비가 오기 전에는 습기가 많아져서 공기 중에 떠 있는 수증기가 곤충의 날개에도 달라붙게 됩니다. 점점 날개가

축축해져 날기도 힘들고 얼마 안 있어 비가 오리라는 것을 알아챈 곤충들은 비에 젖지 않기 위해 숨을 곳을 찾아 땅바닥 쪽으로 내려갑니다.

먹이들이 피난처를 찾아 낮게 날아다니니 자연적 제비도 먹이를 잡기 위해 땅 가까이에서 기듯이 날 수밖에요.

지금까지 알아보았던 날씨에 대한 속담들 외에도 거미줄에 아침 이슬이 맺히면 날씨가 좋을 징조이고, 밭에 서리나 성에가 많이 생기면 맑을 징조입니다.

기상은 인간의 생활에 엄청난 영향을 미칩니다. 오랜 옛날부터 사람들은 기상의 변화는 자연이 만들어내는 조화라고 깨달았습니다.

과학적인 법칙을 알지 못하고, 관측할 도구도 없었지만 우리의 어진 조상들은 자연이 보여 주는 작은 조짐들을 통해 날씨를 예측했습니다.

과학이 발달한 오늘날에는 기상대나 측후소를 세워 기온과 습도를 재기도 하고, 기상 레이더나 전파 수신안테나를 설치해 기상을 관측합니다.

조상들의 현명한 상상이 지금의 기상학을 만들지 않았나 생각됩니다.

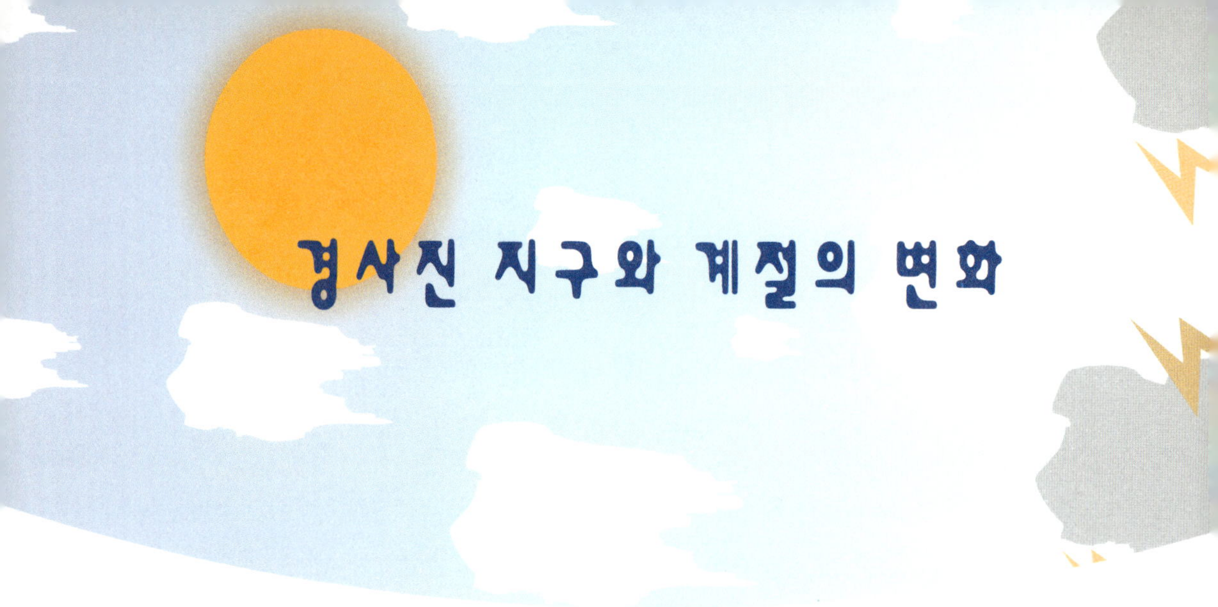

경사진 지구와 계절의 변화

기온이 높아서 움직이면 땀이 나기도 하는 계절을 여름, 기온이 낮아서 입김이 생기고 처마 끝에 고드름을 달기도 하는 계절을 겨울이라고 합니다.

그렇다면 이 기온의 차는 어떻게 해서 생기는 것일까요?

태양의 밝기나, 태양이 내는 열량은 1년 내내 똑같습니다. 단지 여름에는 지면이 받아들이는 태양열의 양이 많고, 겨울에는 적게 받는 정도의 차이일 뿐입니다.

여기에서 우리는 왜 정도의 차이가 생기는가? 에 또 의문을 갖게 될 것입니다

지구는 남극과 북극을 잇는 축을 중심으로 23.5° 경사진 상태로 태양 주위를 회전하고 있습니다.

계절을 나눌 만큼 급격한 기온 차이를 보이는 것은 바로 지

구의 이러한 운동 때문이지요.

기울어져 있기 때문에 태양광선이 지구에 닿는 각도에 차이가 생깁니다. 이러한 이유로 북반구의 한국이 여름일 때 남반구의 오스트레일리아는 겨울이 됩니다.

지구가 단지 기울어져 있을 뿐인데도 이렇게 엄청난 차이가 생기는 것입니다.

인류가 살고 있는 천체, 즉 지구의 어느 곳이든 약 반 년을 주기로 태양에 가까워졌다 멀어졌다 하는 숨바꼭질을 합니다. 태양을 두고 벌이는 지구의 이러한 숨바꼭질에 의해 계절의 변화가 일어나지요.

지구본에 손전등을 비춰 봤을 때 빛이 수평으로 바로 닿는 중심부는 밝고 환하지만, 가장자리는 빛이 흩어져 버려 흐릿하게 되는 것과 계절의 변화는 같은 원리입니다.

지구의 중심을 지나는 자전의 회전축에 직각인 선, 즉 평면과 지구 표면이 만나는 선을 적도라고 합니다. 적도에서 멀리 떨어진 중위도 지방에서는 일년 동안 사계절이 뚜렷하게 나타나지요.

그 대표적인 예가 바로 우리 나라입니다.

봄과 가을은 기상이 비슷한데 날씨가 갑자기 변하는 계절적 특징이 있습니다. 그래서 갑자기 돌풍이 불거나 바람 한

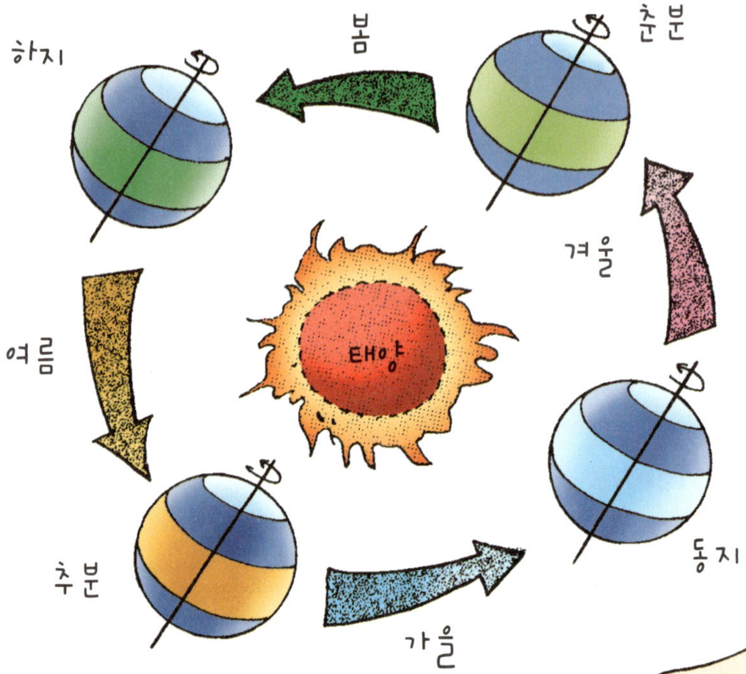
봄
하지
춘분
겨울
여름
태양
추분
동지
가을

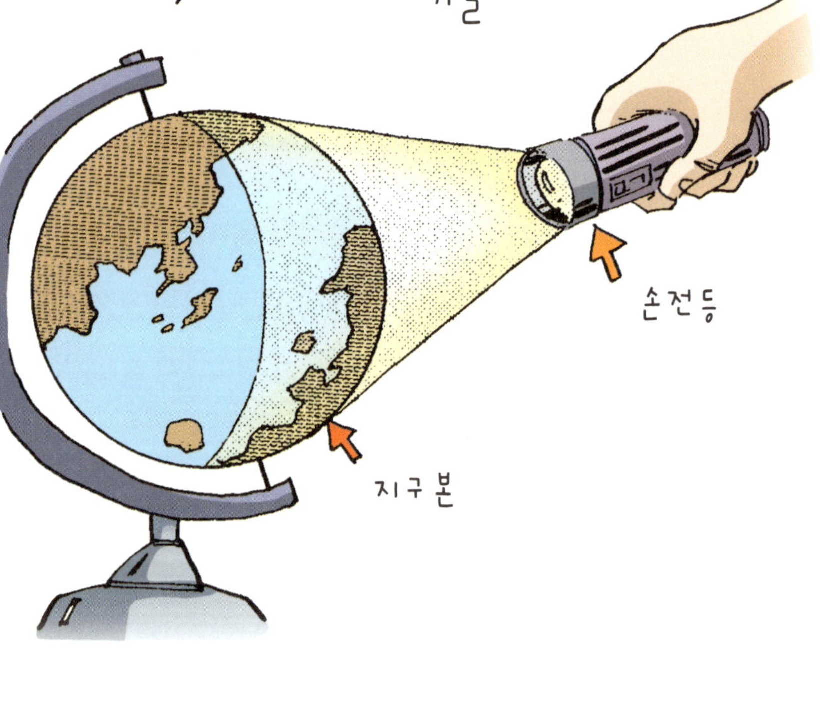
손전등
지구본

점 없이 화창하거나 하지요. 한마디로 변덕이 심한 계절입니다.

반면에 더하고 덜하고의 차이가 있을 뿐 여름은 덥고, 겨울은 춥습니다. 자기의 성질을 오랫동안 바꾸지 않고 끈기있게 덥고 춥고를 유지해가는 계절이 여름과 겨울입니다.

겨울에는 기온이 낮고 추워서 식물이 거의 자라지않고 동물들도 긴 겨울잠에 들어갑니다.

얼었던 땅이 녹아 파릇파릇 새싹이 쏘옥 고개를 내밀어 싹을 틔우고 자라는 건 봄의 자랑거리이지요.

태양을 쳐다보며 기울어신 채 쉬지 않고 조금씩 조금씩 자전하는 지구의 운동이 다양한 특징들을 보여주는 계절을 만드는 것이랍니다.

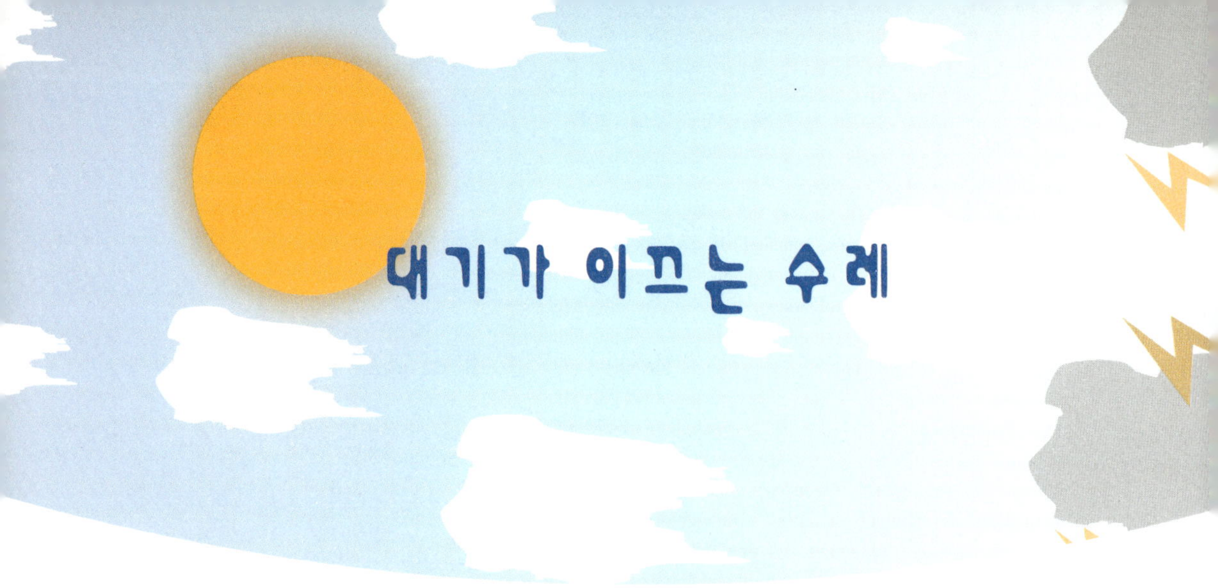

대기가 이끄는 수레

기단이란 말을 사전에서 찾아보면 기온과 습도 등의 대기 상태가 거의 같은 성질을 가지고 수평 방향으로 넓게 퍼져 있는 공기 덩어리라고 나와 있습니다.

우리 인간은 지구의 어느 곳에서 살아가든 대기라는 이불을 덮어야만 숨을 쉴 수가 있습니다.

이 큰 땅덩어리인 지구를 덮을 수 있는 이불이 있으리라는 것은 상상하기조차 힘든 일입니다.

흔히 사람들은 우리와 늘 아주 가깝게 있는 것은 그것의 소중함을 잊고는 하지요.

그 중 가장 첫 번째로 꼽을 수 있는 것이 바로 공기가 아닐까요?

숨이 가쁠 때는 몰아쉬고 평상시에는 건강하게 규칙적으로

들이마시고 내뱉는 공기는 지구를 덮고 있으니까요. 잠잘 때 따스함을 전해 주는 이불처럼 말입니다.

지구를 감싼 공기는 같은 곳에 머물러 있게 되면 열과 수증기를 지표에서 공중으로, 공중에서 지표로 교환시키는 힘을 지닙니다.

적도 부근의 더운 공기는 상승시켜 하늘 높은 곳에서 고위도 쪽으로 이동하도록 만들고, 양 극 부근의 찬 공기는 하강시켜 저위도 쪽으로 옮길 수 있는 힘을 공기가 지니는 것입니다.

고위도 저위도로 옮겨가는 것을 대기의 변화라고 말합니다. 순환의 길을 밟으려고 하는 대기의 변화 과정을 때로는 심술맞은 바람이, 어느 때는 지형이 방해를 합니다. 그래서 순서는 엉망이 되고, 여기에다 지구의 자전이 공기의 흐름을 바꾸지요.

이 과정에서 거대한 공기 덩어리인 기단이 발생하는 것입니다.

대기의 상태가 거의 비슷한 지역은 주로 어디를 말할까요?

지구상의 크고 넓은 육지인 대륙과 시원하게 펼쳐진 바다의 표면 부근이 바로 기단이 만들어지는 장소입니다.

대륙에서 발생한 기단은 건조하고, 해양에서 발생한 기단은 습합니다.

넓은 지역에 머물러 있던 기단은 자연스러운 대기의 순환에 의해 서서히 다른 지역으로 이동을 하게 됩니다.

발생지를 떠난 기단은 이동해 가는 곳의 지리적인 성질에 따라 자신의 특징을 조금씩 바꿉니다. 차가운 성질을 가진 기단이라도 따뜻한 지면 위를 지나면 열을 얻어 점점 따뜻한 기단의 모습으로 변해 가는 것이지요. 이 때에는 공기의 이동으로 구름이 생깁니다.

반대로 따뜻했던 기단이 차가운 지역으로 이동하면 아래 지면 쪽으로 열을 빼앗기고 위쪽은 차가워져 안개가 생깁니다.

움직이던 두 기단이 한 지점에서 마주쳤다고 생각해봅시다.

성질이 다른 두 기단이 만나면 섞이지 않고 경계면을 만들어 또다른 성질로 날씨에 영향을 줍니다. 이 경계면을 전선면이라 하며, 이 전선면이 지표면에 닿는 경계선은 전선이라고 합니다.

따뜻한 기단과 차가운 기단이 만나면 따뜻한 기단은 위로, 차가운 기단은 아래로 움직입니다. 전선이 만들어져 따뜻한 기단이 힘을 얻어 점점 더 위로 올라가면 구름과 비가 모습

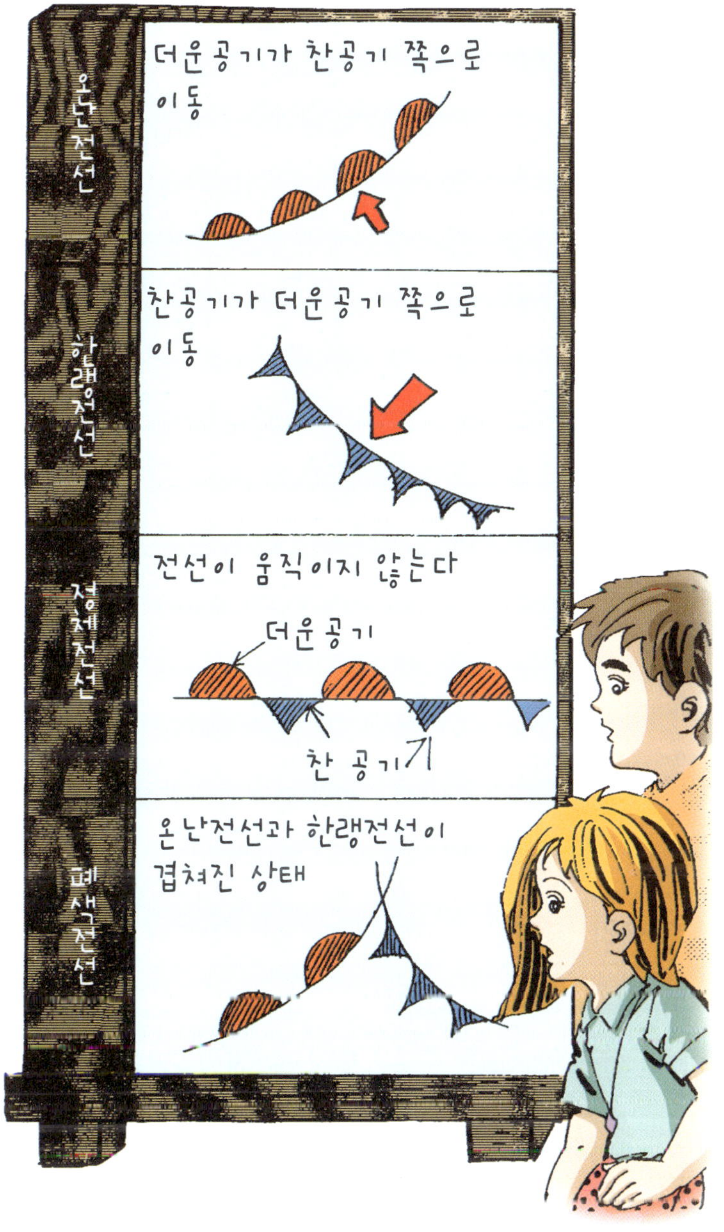
온난전선
더운공기가 찬공기 쪽으로
이동
한랭전선
찬공기가 더운공기 쪽으로
이동
정체전선
전선이 움직이지 않는다
더운공기
찬 공기
폐색전선
온난전선과 한랭전선이
겹쳐진 상태

을 드러내게 되는 것입니다.

전선에는 네 가지가 있습니다. 온난 전선과 한랭 전선, 폐색 전선, 정체 전선이 그것이지요.

따뜻한 기단, 즉 온난 기단의 세력이 차가운 기단, 곧 한랭 기단의 세력보다 클 때 온난 기단으로부터 한랭 기단 쪽으로 전선을 이동합니다. 이 때 만들어진 온난 전선은 층운형의 구름을 걸어 놓고 오랫동안 보슬비를 뿌립니다.

온난 기단보다 한랭 기단의 힘이 강하면 차가운 기단이 따뜻한 기단을 밀어내고 한랭 전선을 만듭니다. 이 때에는 소나기가 내리거나 번개나 우박이 하늘을 울리며 쏟아지기도 하지요.

폐색 전선은 어떨 때 생길까요?

진행 속도가 느린 온난 전선을 속도가 빠른 한랭 전선이 쫓아가서 겹치면 온도가 내려가고 오랫동안 비를 뿌리는 폐색 전선이 만들어집니다.

성질이 정반대인 한랭과 온난 기단의 세력이 막상막하이면 이동하지 않고 한곳에 머무르는 전선이 형성됩니다. 이것이 바로 전선의 종류 중 마지막에 해당하는 정체 전선입니다.

이 전선이 발달하면 날씨가 흐리고, 비가 자주 내립니다. 해마다 여름에 우리 나라를 찾아오는 지루한 장마는 정체 전선 때문이지요.

기단은 생긴 장소에 따라 적도 기단, 열대 기단, 한대 기단, 북극 기단으로 나뉩니다.

또 기단의 온도가 높은가 낮은가에 따라서도 구분됩니다.

자, 그럼 지금부터 우리 나라의 날씨에 영향을 주는 기단에 대해서 알아보도록 할까요?

우리 나라는 기단의 발생지는 아닙니다. 다만 철따라 몇 가지 기단의 영향을 받습니다.

그래서 기단에는 지구 다른 곳의 대륙과 큰 바다 이름이 붙게 된 것입니다.

우리 나라의 날씨를 좌우하는 시베리아 기단, 오오츠크해 기단처럼 특정 지역을 나타내는 외국의 지명이 붙어서 우리 나라로 이동해 옵니다.

귀를 쫑긋 세운 토끼 모양을 한 우리 나라에는 크게 다섯 가지의 기단이 사방에서 몰려듭니다.

차고 건조한 공기를 안고 북쪽으로부터 오는 시베리아 기단은 겨울 날씨를 만드는 기단입니다. 대륙성 한대 기단으로도 불리지요.

이 기단 때문에 서해 쪽은 눈보라가 치며 동해 쪽은 건조해서 센 바람이 부는 급격한 날씨 차이가 생기는 것입니다.

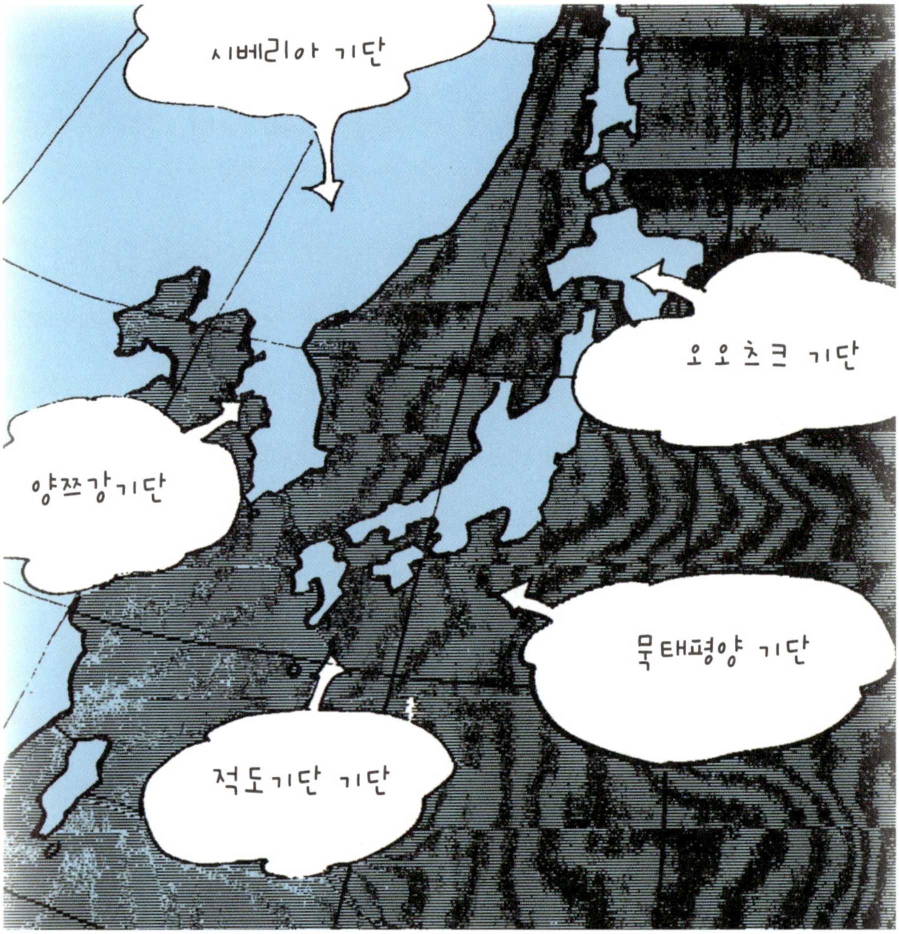

여름에는 도대체 어떤 기단이 날씨를 좌우하는 것일까요?

초여름, 축축한 습기를 오호츠크해 쪽에서 우리 나라로 보내오는 오오츠크해 기단(해양성 한대 기단). 태평양 언저리에 계절풍이 되어 흘러오는 북태평양 기단과 함께 7월경의 장마를 만드는 범인이지요.

바람이 불지 않는 적도 부근의 열대 지역에서 발생한 고온

다습하고 불안정한 특징을 지닌 적도 기단도 여름 기단에 포함됩니다. 태풍을 몰고 오고 큰 비를 내리게 하지요.

봄과 가을에는 공기가 따뜻하고 메마르다는 것을 우리는 느낄 수 있습니다.

이동성 고기압을 타고 양쯔강 쪽에서 오는 대륙성 열대 기단인 양쯔강 기단의 영향입니다.

지금까지 우리는 계절마다의 특징적인 날씨와 깊은 관계가 있는 기단에 대해 살펴보았습니다.

기단은 바로 대기가 이끄는 기운 센 수레인 것입니다.

짐이 무거워 두 팔로 들기엔 벅차더라도 바퀴가 달린 수레에 실어서 끌어 보면 어영차 어영차 운반할 수 있습니다.

마찬가지로 작은 공기 입자들은 공기 덩어리인 기단을 만들어 큰 힘을 내는 것입니다.

사계절은 왜 생길까요

양력으로 3월 5일 경이 되면 땅속의 벌레가 동면에서 깨어 꿈틀거리기 시작합니다. 긴긴 겨울의 추위를 피해 겨울잠에 들어갔던 동물들도 봄이 다가옴을 느끼고 겨울잠에서 일어나는 것입니다.

이 때를 24절기 중 경칩이라고 합니다. 개구리가 제일 먼저 봄을 알리는 노래를 불러대지요.

이렇듯 일년을 스물 넷으로 나눈 절기에는 찹쌀 새알심을 넣어 만든 팥죽을 쑤어 먹는 동지도 있습니다. 팥죽을 먹고 나면 나이 한 살을 더 먹는다고 합니다.

이 외에도 여름의 삼복 더위를 가리키는 초복, 중복, 말복, 가을이 멀지 않았음을 알려 주는 입추, 눈이 많이 내리는 대설 등이 있습니다.

달력을 들춰보면 있는 스물네 개의 절기는 우리 나라만이 갖는 말들입니다. 사계절의 구분이 뚜렷하기 때문에 예부터 전해 내려오게 된 것이지요.

앞에서 우리는 지구가 공전 궤도면에 기울어진 상태로 자전을 하고 있다고 배웠습니다.

이로 인해서 여름이니 겨울이니 하는 계절이 나뉘어진 것이고, 기울어진 영향을 많이 받는 위치에 자리한 우리 나라는 철마다의 계절이 뚜렷하게 구분되는 것입니다.

북반구가 봄일 때 남반구는 가을입니다. 남반구가 여름일 때 북반구는 겨울입니다.

왜냐 하면 태양이 북반구 지면 바로 꼭대기에서 비춘다고 하더라도 남반구에서는 비스듬히 태양빛이 도달하기 때문입니다. 비추는 각도에 따라 지면이 더워지는 정도가 크게 다를 테니까요.

또한 햇빛이 삐딱하게 비출 때는 공기 속을 통과하는 시간이 오래 걸립니다. 그러므로 빛은 차츰차츰 식어서 처음보다 많이 약해진 상태이겠지요.

이 까닭에 북반구가 여름일 때 남반구는 추운 겨울인 것입니다.

열대 지방에도 사계절이 없는 것은 아닙니다. 단지 기울기의 각도가 작기 때문에 분명하지 않고 희미해서 잘 구분되지 않고 더운 정도의 차이로만 나타날 뿐입니다.

계절의 각기 다른 기온을 만들어 내는 것은 태양 에너지에 의해서라고 했습니다. 여기서 잠깐 열에너지가 어떤 방법으로 또 어떠한 성질로 이동해서 물체나 지역에 영향을 끼치는지 알아보도록 할까요?

열에너지는 전도와 대류, 복사의 세 가지 방법으로 한 곳에서 다른 곳으로 옮겨갑니다.

그릇에 뜨거운 국을 담으면 잠시 후 그릇의 바깥쪽까지 데워지는 것처럼 열이 물체를 따라 옮겨지는 현상을 열의 전도

라고 합니다.

또 주전자에 한가득 물을 부어 끓이면 아무리 양이 많더라도 골고루 데워집니다. 이것은 물 즉 물질이 직접 뒤섞여 이동하면서 구석구석까지 열을 전달하는 대류 현상의 덕분입니다.

열에너지의 이동 중에서 지금까지 계절이 생기는 것과 가장 밀접한 현상은 열의 복사입니다.

햇볕이 잘 드는 양지 쪽에 있어 보면 시리던 손도 따뜻해지고 꼬박꼬박 졸음까지 쏟아질 만큼 따뜻한 기운을 전해 받게 됩니다.

이처럼 열이 중간의 아무런 물질의 도움도 받지 않고 쭉쭉 뻗으며 이동하는 현상이 복사인 것입니다.

지구는 아주 오랜 옛날, 호랑이 담배 피던 시절, 아니 그 이전부터일지도 모르는 태고 때부터 태양 복사에너지를 받아 왔습니다.

양을 잴 수 없을 만큼의 막대한 양의 복사 에너지를 받고 있어도 지구의 연평균 기온이 약 15℃로 거의 일정하다는 것은 궁금증을 불러일으킵니다.

이것은 태양으로부터 얻은 열에너지와 같은 양의 복사 에너지를 방출함으로써 균형을 유지하기 때문입니다. 지구는 급할 때를 대비해 얼마만큼의 태양 복사 에너지를 대기와 지표면에 흡수하여 보관해 두었던 것이랍니다.

사계절은 왜 생기는 것일까요?

끊임없이 이동하는 열에너지의 부지런함이 계절을 만들어 낸다고 볼 수 있습니다. 태양 복사 에너지를 받고, 받은 만큼 자신도 돌려주는 지구의 노력이 일정한 온도를 유지시킵니다.

하지만 나라마다 다르고, 좁게는 계절마다 기온이 다른 것은 지구가 둥글기 때문입니다. 태양 광선은 언제나 평행하게 비춘다 하더라도 둥근 모양으로 기울어진 지구는 지역에 따라 받아들이는 복사 에너지의 양이 다른 것은 당연한 일이니까요.

다행스럽게도 우리 나라는 사철 더운 열대 지방과 지구의 양 꼭대기인 한대지방의 중간 지점인 온대 지방에 속합니다. 그래서 계절마다의 특징적인 날씨를 보고 느낄 수가 있는 것이지요.

꽃이 탐스럽게 피는 봄, 푸른 바다가 시원스럽게 파도를 치켜올리며 손짓하는 여름, 맑고 투명한 하늘을 자랑하는 가을, 처마 끝에는 고드름 마음 속에는 눈처럼 새하얀 꿈을 걸어 주는 겨울.

우리는 이처럼 일년 열두 달을 알맞게 나눠 다양한 계절을 선보이는 축복받은 땅에 살고 있습니다.

봄철 날씨

3월이 되면 겨우내 우리 나라에 찬 공기를 실어 나르던 시베리아 기단의 고기압 세력이 약해집니다. 그렇게 되면 온도가 높고 건조한 양쯔강 기단이 이때다하고 돌진해 오지요.

그후 꽃을 활짝 피워 봄을 알리는 꽃전선이 따뜻한 남쪽에서부터 올라옵니다. 꽃밭에는 알뿌리 식물인 튤립과 프리지아, 수선화가 봉오리를 틔우고 들판의 오솔길과 길 옆으로 개나리가 만발하지요. 담장 너머로 탐스러운 목련꽃이 풍성한 가지를 드리우고 있습니다.

사람들의 가슴마다 희망을 심어 주는 봄이 활짝 문을 연 것입니다. 두꺼운 털옷을 훌훌 벗어 던지고 밝고 화사한 봄옷으로 갈아입고 남부 지방에서부터 올라오는 꽃전선을 맞이하는 것이지요.

하지만 봄날은 따뜻하기만 한 것은 아닙니다. 크기가 작은 양쯔강 기단은 주위의 기압에 부딪혀 잦은 날씨의 변화를 만들기 때문입니다.

이동성 고기압이 접근하면 맑고 화창한 날씨가 나타나고, 이동성 저기압이 다가오면 부슬부슬 봄비가 내리게 되지요.

우리 나라는 북쪽으로 아시아 대륙에 접해 있고, 나머지 삼면이 바다로 둘러싸여 있어서 기상이 복잡하고 변화도 심한 편입니다.

이른바 봄에는 저기압이 동해 쪽으로 빠져나가고 서쪽으로부터 이동성 고기압이 밀려들어와 바람이 없고 맑은 날이 계속되기도 합니다.

때때로 3월 중에는 힘을 잃어가던 시베리아 기단이 후퇴하

다가 발끈 되돌아와서 겨울 못지 않은 추위를 휘휘 뿌리기도 하지요. 이 때를 꽃샘 추위라고 부릅니다.

우리 나라에서 벚꽃이 피는 날을 살펴보면 동해안의 부산이 4월 3일, 강릉이 4월 13일쯤이고, 서해안은 목포가 4월 9일, 인천 4월 19일, 신의주가 4월 29일쯤 됩니다.

벚꽃의 꽃전선은 세 살바기의 걸음마처럼 아장아장 남쪽

지방에서 북쪽을 향해 이동하고 있는 것이지요.

봄이 되어 벚꽃이 필 때가 되면 날씨가 풀려 따뜻해진 상태이므로 기온이 조금만 내려가도 매우 춥게 느껴집니다. 봄꽃의 아름다움을 시샘하는 시베리아 기단이 막바지 추위를 며칠간 만들어 버리는 것이지요. 이때를 꽃샘 추위라고 합니다.

봄철 날씨의 특징에는 또 심한 일교차를 꼽을 수 있습니다. 낮과 밤의 기온차가 매우 커서 자칫하면 매서운 봄감기에 걸리기도 합니다.

겨울과 여름의 길목에 있는 봄은 겨울 계절풍이 여름 계절풍으로 옮겨가는 계절이라고 볼 수 있습니다.

그래서 이른 봄에는 겨울을 장식하던 기압이 물러가다가 자주 나타나 차가운 북서 계절풍을 휘몰아치게도 하는 것이지요.

이와는 반대로 남쪽에서 치밀어 올라오는 바람의 도움으로 따뜻한 공기가 퍼져 산의 눈이 녹고 모래 먼지가 일기도 합니다.

봄철에 날리는 뿌연 모래 먼지는 힘이 강해져서 하늘을 뒤덮고 구름이 낀 것 같은 흐릿한 상태를 만듭니다. 이처럼 황토 먼지가 이는 것을 황사 현상이라고 합니다.

황사 현상이 발생하면 해가 구름 뒤에 숨은 것도 아닌데 빛이 약하고, 나뭇잎에 흙가루 같은 황토 먼지가 앉는 일도 있습니다.

원래 이 모래 먼지는 중국 북부에 펼쳐진 넓은 황토지대에 있었습니다.

그런데 어떻게 우리 나라까지 건너온 것일까요? 이른 봄이 지대에는 강한 바람이 불어닥칩니다. 심한 북서풍이지요. 바람에 실린 먼지는 하늘 높이 말려 올라서 남동쪽이나 남쪽으로 날아갑니다. 하늘 높은 곳에서 동쪽을 향해 불어갈 준비를 갖추고 대기 중이던 세찬 바람을 타고 양쯔강 유역에서 우리 나라 한반도까지 운반되어 온 것입니다.

봄에는 또한 태백 산맥을 넘어 높새 바람이 불어옵니다.

산을 넘으며 불어 내리는 건조한 열풍인 높새는 대관령 서쪽 지방의 농작물에 많은 피해를 입힙니다. 수분을 빨아들여 성장하는 식물을 메마르게 만들고, 논바닥을 갈라지게 하는 무서운 봄의 재해인 것입니다.

기후학에서 말하는 봄은 3월 초순부터 6월 하순까지의 기간입니다. 그렇지만 실제로 사람들이 느끼는 봄은 매우 짧은 듯 아쉽게 여겨집니다.

3월이라 하더라도 아직 쌀쌀한 기운과 찬 공기는 높은 산에 남은 흰눈을 녹이지 못하고 낮은 기온을 만듭니다. 그러다 보면 장마가 시작되려고 날씨가 찌뿌둥해지고 축축한 공기가 사람을 후덥지근하게 만듭니다. 이 때가 되면 여름의 접근을 느끼는 것이지요.

일상 생활에 가장 적당하고 쾌적한 기온은 17~18℃라고 합니다. 3월에서 6월까지 중에서 이 때에 해당되는 기간은 유일하게 5월 하순 뿐이니 '아! 봄이로구나.' 하는 봄다운 봄은 5월입니다.

일년 중 습도가 가장 낮아 건조한 봄에는 화재가 발생하기 쉽습니다. 애써 가꾼 울창한 산을 한순간의 실수로 잿더미를 만든다는 것은 말도 안 되는 일이지요.

새싹이 파릇파릇 돋아나고, 개구리가 울어대고, 가뭇가뭇 아지랑이가 피어오르는 정겨운 봄. 예쁜 꽃을 피워 마음을 밝혀 주고, 따스함을 안겨 주는 봄.

하지만 우리가 자연을 아끼고 보호해야만 화재를 예방할 수 있고, 설레는 마음과 푸른 바다처럼 탁 트인 기분으로 여름을 기대할 수 있는 것이겠지요?

여름철 날씨

구름을 살펴보면서 우리는 탑처럼 높다란 적운이 한여름을 대표한다고 배웠습니다. 강한 햇빛에 충분히 데워진 공기가 위쪽으로 올라가 파아란 하늘 높은 곳에 만들어 놓은 구름입니다.

우리 나라의 여름은 크게 장마철과 무더위 그리고 태풍기로 나눌 수 있습니다.

마음껏 물장구치며 여름을 즐기기 위해서는 초여름 직후에 오는 장마철을 겪어야만 하는 것입니다.

봄다운 봄이 지나가고 나면 벌써 장마 전선은 남쪽 바닷가에 다가와 장마의 징조를 뽐내며 가끔씩 찬 비를 뿌리기 시작합니다.

6월 중순쯤 되어 전선이 잠시 남쪽 바다 가운데로 물러나는 기미가 보여 날씨가 좋아졌다가는 6월 말부터 7월에 걸쳐 본격적인 장마 전선의 모습을 갖추고 몰려옵니다.

잠깐씩 이따금 내리는 단비는 반갑고도 기다려지지만 열흘이 넘도록 추척추적 비가 내린다면 모든 것이 축축해지고 기분도 저기압으로 가라앉게 됩니다.

처마끝 물받이에는 하루도 물이 마르지 않고 양동이로 똑

얼음알갱이
물방울
쌘비구름 (적란운)
습한공기가 상승하여 구름이 된다
비가 내린다

똑 떨어집니다. 처음에는 그 모양이 재미나고 신기하지만 하루가 지나고 이틀이 지나고 거듭거듭 이어지면 '어서 이 비가 그쳤으면…….' 하는 생각 뿐일 것입니다.

차갑고 습기가 많은 오호츠크해 기단과 온도가 높으면서 습기가 많은 북태평양 기단이 만나서 만드는 기상 상태가 바로 장마입니다.

두 기단은 온도 차이가 매우 커서 서로 힘겨루기를 하듯 밀고 밀리기를 계속하며 오랫동안 비를 뿌리는 것이지요.

7월이 중반으로 접어들어 장마가 그치면 여름은 활기를 되찾은 모습으로 분주해집니다.

태평양 고기압이 세력을 키워 장마 전선을 통해 북쪽 멀리로 밀어내고 맞이한 본격적인 여름이 시작되는 것이니까요.

이 때부터 무더위가 기승을 부리는 한여름이 성큼성큼 다가듭니다.

긴긴 장마가 끝난 후에는 일년 중 가장 안정된 날씨가 얼마간 이어집니다. 날씨의 변덕스러움이 한동안 잠잠한 상태를 맞이했나 봅니다.

날씨의 변화가 잠시 멈춘 상태에 있다 하더라도 이때에는 푹푹 찌는 삼복 더위가 계속되어 끝없이 땀을 흘리게 만드니 생각만으로도 이마에 송글송글 땀방울이 맺힐 것입니다.

대부분 지방의 기온이 낮 최고 30℃ 이상에서 평균 25℃를 웃돌게 되는 현상이 9월 초까지 계속됩니다.

아주 가끔씩 상승 기류를 타고 공중여행을 하던 습한 공기가 적란운을 만들어 내어 소나기며 우박을 내리고 번개와 천둥을 치곤 하지요.

우리 인간이 춥다 또는 덥다 라고 느낄 수 있는 것은 기온의 높고 낮은 정도에 대한 반응 때문입니다. 그러나 더위를

느낄 때에는 기온 이외에도 습도, 바람, 햇빛 따위의 기상 요소가 한몫을 하게 됩니다.

이렇듯 덥고 춥고를 몸으로 느껴 알 수 있는 생리적 기온을 체감 온도라고 합니다.

우리 몸은 햇빛이 따갑게 내리쬐면 '덥다'고 느끼고, 그 때 습도도 같이 높으면 '후덥지근하다' 또는 '무덥다'고 반응합니다. 이처럼 기온 이외에 습도의 영향이 힘을 합해 주면 우리는 불쾌지수를 만나게 됩니다.

쉽게 말해 불쾌지수란 더위의 불쾌한 정도를 말합니다.

여기에 습도가 결정적인 원인이 되는 것이지요. 습도가 높아서 몸의 땀이 공기 중으로 증발하지 못하면 우리는 무더위 상태에 놓입니다.

그러므로 축축하고 끈적끈적한 상태보다는 쉽게 땀도 닦아 내 주는 태양빛이 제 힘을 발휘할 수 있는 상태, 즉 습도가 낮은 상태일 때 사람들은 불쾌감을 덜 느끼게 됩니다.

찡그린 얼굴은 보기에 흉합니다. 아무리 웃으려고 해도 개운하지 못한 날씨로 인해 기분이 축축해질 때도 있는 것은 어쩔 수 없는 일입니다.

여기에서 우리는 한여름의 불볕 더위를 알아보겠습니다.

전국적으로 멀찌감치 제자리를 잡아간 북태평양 고기압은 대체로 10일을 간격으로 동서로 움직이며 발달했다가 쇠퇴하고 하기를 되풀이합니다. 이 때 만약 고기압의 뭉텅이가 조금 떨어져 나오게 되면 견딜 수 없는 더위인 폭염이 기승을 부리게 됩니다.

이렇게 해서 낮 최고 기온이 30℃를 넘으면 진짜로 더운 날이라고 하여 진하일이라 하고, 밤의 최저 기온이 25℃ 이하로 떨어지지 않으면 너무 더워서 밤잠을 설친다고 하여 열대야라고 부릅니다.

열대야는 불쾌지수와 관계가 깊어서 불쾌지수가 높으면 열대야 상태의 밤이 될 것이라고 보면 됩니다.

물 속에 몸을 담그기도 하며 더위를 식히는 물놀이는 무더위의 상태로 여름이 진행되었을 때 해야겠지요?

이제 태풍기에 접어든 여름철의 기상을 알아봅시다.

우리 나라에 태풍이 가장 많이 오는 시기는 7월에서 9월 사이입니다.

발생한 지 1~2주일만 지나면 우리 나라에 접근해 강하고 세찬 바람과 집중 호우로 큰 피해를 주는 범인이 바로 장마이지요.

피해를 줄이기 위해서는 일기 예보를 통해 태풍이 어디쯤에서 발생했다는 소식을 접하기가 무섭게 무너질 듯 위태로운 담장은 서둘러 고치고 지붕은 단단히 누르는 등 장마 대비를 하는 일 뿐입니다.

태풍의 접근이 점점 가까워오고 있다는 것을 빠른 속도로 흐르는 구름을 통해서도 알 수 있습니다.

태풍기가 지나고 나면 기세 등등하던 여름은 한풀 기를 꺾고 맑은 하늘이 드높은 가을에게 서서히 자리 비워줄 준비를 시작합니다.

아 잠깐, 여기서 가을철의 기상에 대해 공부하기 전에 여름날에 생기는 신비로운 자연의 온갖 조화를 몇 가지 만나 보는 게 어떨까요?

소나기가 지나간 뒤 반짝 해가 나면 태양의 반대편에 떠 있는 7가지 색깔의 무지개를 볼 수가 있습니다.

햇빛에는 색깔이 없는 걸로 생각하기 쉽겠지만, 사실 햇빛에는 여러 가지 색깔이 있습니다. 이 사실에 의문이 생긴다면 비누 방울의 표면이나, 물에 섞이지 않고 동동 떠 있는 기름에서 알록달록 빛나는 빛깔을 본 기억을 생각하면 됩니다.

비누 방울에 비친 색깔이나 기름에 번지르르 번지는 색깔처럼 작은 빗방울에 햇빛이 닿아서 생긴 일곱 가지 색깔띠가 곧 무지개인 것입니다.

바깥쪽에서부터 빨주노초파남보 안쪽에서부터 거꾸로 보남파초 노주빨하며 무지개 빛깔 부르기 놀이를 하기도 하는 무지개 말이지요.

하늘을 가로지르며 펼쳐진 활 모양의 무지개! 어때요, 여름철 기상이 만들어 낸 근사한 요술이 아닐까요?

여름이 시작될 무렵 포장된 도로에 물을 뿌린 것 같은 현상을 본 적이 있을 것입니다.

시표면에 가까운 곳의 기온과 조금 더 높은 곳의 기온이 서로 다른 까닭으로 생기는 대기 중의 색 이상 굴절 현상이라고도 불리우는 신기루이지요.

여름철, 땅에 가까운 공기가 갑자기 더워지면 윗부분 공기와의 경계 지점에서 빛이 굴절되어 땅에 가짜 물구덩이가 보여지는 현상이랍니다.

사막에서의 신기루 현상은 물체가 거꾸로 보이기도 하고 간절히 바라는 오아시스가 나타나 보이기도 합니다.

사람들은 신기루를 보게 되면 눈을 비비며 '내가 뭘 잘못 보았나?' 하기도 하고, 사막의 오아시스 발견 때는 앞뒤 보지 않고 달려들었다가 허탕을 치기도 합니다.

햇빛이 데운 공기가 만들어 낸 이 신기루 요술! 한여름의 더위를 싹 가시게 할 수도 있지 않을까요?

가을철 날씨

가을은 여름 기후에서 겨울 기후로 바뀌는 길목에 있는 시기이므로 봄과 마찬가지로 날씨 변화와 기온변동이 심한 것이 특징입니다.

9월 중순경부터 북태평양 고기압의 세력이 약해지면서 여름철의 무더위도 한결 풀이 꺾입니다.

그래서 우리 나라의 가을은 9월 중순부터 11월까지가 되는 것이지요.

변덕이 심하다는 기후적 특성이 있기는 하지만 이동성 고기압의 영향으로 맑은 날씨를 자주 보이기도 합니다. 여기에서 이동성 고기압이란 시베리아의 건조한 고기압을 가리킵니다.

후퇴하는 태평양 고기압과 접근해 오는 시베리아 고기압이 만나 경계 지역인 전선을 이루어 우리 나라 주변에 머물렀다가 지나가면 상쾌하고 맑은 가을 날씨가 선보이게 됩니다.

하늘은 더없이 아득하게 높고 투명하여 금세라도 빨려 들어갈 듯 푸르릅니다. 습도 또한 낮아서 1년 중 가장 상쾌한 날씨가 됩니다.

탁한 마음도 하늘 빛에 반사되어 투명한 구슬 소리를 내며

밝아질 듯 가슴이 설레기도 합니다.

가을에는 왜 하늘이 유달리 높고 푸르게 보일까요?

대륙에서 발생한 서로 성질이 다른 고기압이 세력다툼을 하기 때문에 날씨의 변덕이 심한 상태가 지나면 찬 고기압이 싸움에서 승리합니다.

찬 고기압의 영향으로 기온이 떨어진 가을철에는 대기의 대류 현상이 심하지 않습니다. 그러니 공기 중의 먼지나 수증기 또한 높이 올라가지 못할 뿐더러 더운 여름철에 이미 올라가 있던 먼지도 대부분 비에 씻겨 깨끗해져서 맑고 푸른 하늘을 내보이게 됩니다.

하늘색은 태양빛이 공기 중의 먼지나 수증기에 부딪혀서 우리 눈에 보이는 것입니다.

만약 공기가 따뜻해서 상승 기류를 힘차게 타고 올라가 높은 대기 중에 먼지나 수증기 따위가 많으면 푸른빛 외의 빛도 잘 부딪혀 버리므로 하늘이 뿌옇지요.

가을 또한 봄처럼 하루 중 기온의 변동이 심하며 지표면이 쉽게 차가워집니다. 그래서 자주 서리가 내리게 되지요.

늦가을 아침 일찍, 들길에 나서 보면 서늘한 기운이 몸을 감싸지요. 어깨를 움츠려 고개를 수그리면 풀잎사귀 가득 새하얗게 덮인 서리를 만날 수가 있습니다.

서리는 어떻게 해서 생기는 자연 현상일까요?

밤이 되어 온도가 0℃ 이하로 내려가 버리면 공기 중에 떠돌던 수증기는 얼면서 먼저 닿는 아무 물체에나 달라붙습니다. 이 때 얼어붙은 수증기가 서리를 이루게 된 것이지요. 이렇게 만들어진 서리는 결정형 서리라고 부릅니다.

반면에 이슬이 먼저 맺혔다가 온도가 더 낮아져 이슬마저 얼게 되면 떠돌던 수증기가 그 위에 달라붙어서 비결정형 서리를 만들어 냅니다.

가을에는 내륙 지방에 안개가 많이 끼어 교통에 불편을 불러 일으키기기도 합니다.

상쾌한 가을 날씨가 순식간에 지나가 버리고 나면 이제 한 해도 달력을 두세 장밖에 남겨 놓지 않게 됩니다.

10월 중순께부터 불기 시작하는 겨울 계절풍을 잠깐잠깐씩 겨울이 멀지 않았음을 알립니다.

가을이 저물어 가면서 찬바람이 옷소매 사이로 파고들어 춥다는 것을 느끼게 만듭니다.

맑고 푸른 가을 하늘을 올려다보던 기쁨도 잠시. 재빨리 찾아온 겨울 기운이 하늘 향해 서는 머리카락을 날리고 옷깃을 여며야 합니다.

가을의 날씨에 대한 특징을 마무리하면서 울긋불긋 온 산

을 수놓는 단풍이야기를 해 볼까 합니다.

아침 저녁 싸늘한 기운이 하루가 다르게 더해 가면 북쪽에서는 벌써 첫눈과 첫얼음 소식이 희미하게 들려옵니다.

이 때 최저 기온이 8~9℃로 내려가면 나뭇잎은 아름다운 색깔의 옷으로 갈아입습니다.

가을철에 무르익은 단풍으로 치장한 산은 수많은 등산객을 부르는 손짓을 보내옵니다.

맑고 푸른 하늘이 한창일 때 자연을 찾아 소풍을 떠나기도 하고, 우렁찬 고함 소리를 지르며 만국기를 휘날리는 운동회를 열기도 합니다.

가을에는 또한 봄에 심은 모를 그 동안 정성껏 가꿔 알맞게 익은 곡식을 걷어들이는 추수의 기쁨이 있지요.

햇과일과 햇곡식으로 음식을 장만해 조상들께 한해 동안의 성과를 보고 올리며 절하는 추석도 가을철이 갖는 독특한 행사입니다.

어? 시베리아 고기압의 세력이 점점 강해져 오네요.

모두들 어서 빨리 두꺼운 털옷을 장농에서 꺼내고 긴 겨울을 날 수 있는 준비를 서둘러야겠어요.

아쉬운 가을이 뒷걸음질치며 멀어지고 있으니까요.

겨울철 날씨

손이 시려워 꽁!
발이 시려워 꽁!
겨울 바람 때문에 꽁! 꽁! 꽁!

드디어 추운 겨울이 왔습니다. 가을이 싫어져 11월로 접어들면 차가운 겨울 계절풍이 성큼 다가들어 겨울 날씨를 빚어

내기 시작합니다.

그러나 12월이 가까워지면 이 계절풍의 세력은 약해져서 흐지부지 사라지고 말지요.

얼마 후 12월, 본격적인 겨울이 시작되는 문턱에 한껏 발달한 시베리아 고기압이 기온을 뚝 떨어트립니다.

우리 나라의 겨울은 대륙의 영향으로 위도가 같은 다른 나라보다 더 춥습니다. 그렇지만 눈이 내리는 날보다 햇빛이 하늘에 떡 버티고 있는 맑은 날이 많아서 그런대로 추위를 견뎌낼 수가 있는 것입니다.

'삼한 사온' 이라는 말을 혹시 들어본 적이 있나요?

이것은 우리 나라와 중국의 화북, 만주 등지에서 겨울의 추위가 삼사일을 두고 주기적으로 바뀐다 해서 생겨난 말입니다.

다시 말해 3일 동안 추웠다가 4일 동안은 따뜻한 날씨가 번갈아 반복된다는 뜻이지요. 이 삼한 사온 현상은 시베리아 고기압 세력의 변화 때문에 일어납니다.

시베리아 고기압은 강해지기도 하다가 7일을 주기로 약해지기도 합니다. 가장 세력이 강해져 발달한 때인 1월이 제일 추우며 때로는 한파가 몰아치기도 하지요.

그러다가 2월이 되면 날씨는 서서히 풀립니다.

겨울! 하면 제일 먼저 떠오르는 것은 뭐니뭐니해도 새하얀 눈과 씽씽 썰매를 미끄러지게 하는 얼음이 아닐까요?

첫눈이 내리는 시기는 중부 산간 지방이 10월 말경으로 가장 빠릅니다. 12월 중순쯤이 되면 어느 지방에서나 소복소복 내려 쌓이는 눈을 볼 수가 있게 됩니다.

강원도의 대관령 동쪽에 위치한 영동 지방은 눈이 많이 오기로 유명한 곳입니다.

엄청나게 쏟아진 눈으로 인해 고갯길이 막히고 도로에 쌓인 푹푹 빠지는 눈으로 교통이 끊어지기도 하고 때로는 사람이 다치기도 합니다.

영동 지방에 이처럼 눈이 많이 내리는 것은 다름아닌 태백 산맥 때문입니다.

따뜻하고 습기가 많은 해양성 기류가 태백 산맥을 넘어오는 차가운 북서계절풍과 맞부딪쳐 두 힘이 만들어내는 어마어마한 양의 눈을 뿌리는 것이지요.

영동지방에 쌓인 눈이 생활에 불편만을 주지는 않습니다. 기온이 풀려 눈이 녹으면서 농사짓기에 필요한 충분한 양의 수분이 되어 땅 속으로 스며들기도 하니까요.

처마끝에 세워 둔 우산처럼 매달린 고드름, 추운 겨울을 피해 따뜻한 남쪽 나라를 찾아가는 철새들의 길떠나기는 겨울에만 볼 수 있는 모습들입니다.

두루미, 청둥오리, 왜가리, 제비, 뜸부기 등의 철새들이 다시 우리 나라로 돌아오려면 따뜻한 봄을 기다려야 합니다.

얼음 아래로 졸졸 시냇물이 흐르고, 산등성이에 얹힌 눈은 햇빛을 받아 보석처럼 반짝거리는 봄!

또 다시 봄부터 여름으로 가을로 겨울로 뚜렷한 차이를 보이며 이어지는 우리 나라의 계절은 세계 어느 나라에 못지않게 아름답습니다.

세계의 기후

전 세계의 기후는 크게 다섯 가지로 나뉘어집니다.

적도 가까이에 위치해 있어서 일년 내내 기온이 높고, 강수량이 많은 열대 기후를 먼저 꼽아볼 수 있습니다.

이 기후 지역에서는 식물이 잘 자라서 밀림을 이루기도 하고 초원을 만들기도 합니다.

두 번째로 사막과 초원으로 구분되는 건조대 기후가 있습니다.

사막 중에서도 지하수가 솟아나는 오아시스에서는 농사를 짓고, 넓게 펼쳐진 초원 지대에서는 양이나 소를 기르는 목축업이 발달했습니다.

우리 나라처럼 사계절의 변화가 뚜렷하면 온대 기후지역입니다. 강수량도 적당하고 살기가 좋아서 사람이 많이 모여

사는 지역이기도 하지요.

또, 여름에는 따뜻하지만 겨울에는 몹시 추운 한대기후가 있습니다. 활엽수와 침엽수를 발달시킨 지역입니다.

마지막으로 1년 내내 눈과 얼음에 덮여 있는 극 기후 지역을 들 수 있습니다.

너무 추워서 동물도 식물도 없는 지역이 바로 극 기후 지역인 것입니다.

고래 고기를 즐겨 먹는 에스키모인

가끔씩 여러분은 눈덮인 들판과 조각처럼 우뚝 서있는 빙하의 세계에서 살아봤으면 하는 꿈을 꾸지는 않나요?

새하얀 얼음 나라에 산타 할아버지의 자가용인 루돌프 사슴이 썰매를 끌어 준다면 그야말로 신나는 우리들의 세상이겠지요.

이 지구에는 그런 곳이 있답니다. 1년 중 반년 동안은 온종일 태양이 뜨지 않아 깜깜한 밤이 계속되기도 하고, 나머지 반년 동안은 낮과 밤의 구분없이 하루 종일 태양이 떠 있는 곳 말입니다.

남극과 북극이 바로 그런 곳입니다.

그러나 하루 종일 태양이 떠 있다 하더라도 기울어진 지구의 위치로 인해 햇살이 약해서 지구상의 다른 어떤 곳보다도 기후가 찹니다. 이것을 남극의 백야 현상이라고 하지요.

남극의 신사 펭귄을 여러분은 잘 알고 있을 것입니다. 남극을 중심으로 하는 남극 대륙과 그 주위에 흩어져 있는 섬들을 합쳐서 남극 지방이라고 합니다. 두께가 2,000m나 되는 얼음으로 덮여 있는 이 지방은 여름에 태양이 지지 않아 햇빛이 많습니다. 그런데도 세계에서 기온이 가장 낮은 이유는

대륙의 표면이 하얀 눈과 얼음으로 덮여 있어서 태양의 복사 에너지를 거의 다 반사해 버리기 때문이지요.

그래서 이끼류나 지의류 등과 고래, 물개, 펭귄들만이 남극에서 생활할 수 있을 뿐입니다.

이와는 달리 얼음에 덮인 바다 북극해와 주위를 둘러싸고 있는 3개의 대륙으로 되어 있는 북극 지방에는 에스키모인이라 불리는 사람들이 살고 있습니다.

1~2m 두께의 얼음으로 집을 지어 동물들을 잡아먹고 사는 사람들입니다.

오랜 옛날부터 가장 추운 지방에서 살아온 에스기모인들은 추위를 잘 견뎌낼 수 있게 되어 있습니다.

옷 밖으로 내놓은 손발과 얼굴은 추위에 강하며 차가워졌다가도 이내 본래의 체온으로 돌아옵니다.

또한 몸 안에서 만드는 열량도 많습니다. 식사 때에도 열량 즉 칼로리가 높은 음식을 먹습니다. 특히 동물지방으로부터 많은 열량을 얻어 생활해 나갑니다.

지방은 몸에서 만들어 내는 열량을 높이는데 큰 도움을 줄 뿐만 아니라 살갗에 붙어 있는 지방까지 두껍게 만들어 줍니다. 그러면 몸 안에 있는 열이 밖으로 달아나지 못하게 되지요.

그래서 특히 에스키모인들은 지방이 많은 고래 고기를 즐겨 먹습니다.

바다표범의 가죽으로 만든 두꺼운 옷을 입고 고래 고기를 먹으며 사는 에스키모인들은 용감하고 우람한 장군 같을 거라는 생각이 들기도 하겠지요?

북극해 연안에 사는 에스키모인들은 몽고 및 인디안계의

인종으로 우리처럼 살갗이 황색이고, 체구는 자그마하답니다.

우리는 일년 중 한 계절인 겨울에만 그것도 얼마간만 영하로 내려가면 한껏 어깨를 움츠리며 발을 구르곤 하지요. 항상 영하의 기온에서 꿋꿋하게 살아가는 에스키모인들의 참을성을 조금이라도 배워 보면 어떨까요?

지금까지 우리는 세계에서 가장 추운 곳인 남극과 북극에 대해 알아보았습니다.

사람이 도저히 살 수 없을 정도로 추운 남극 지방에는 여러 자원이 풍부하여 각 나라의 조사 연구단이 파견되어 있습니다.

가장 추운 곳인 남극과 북극해 주변에서도 석유가 나고 수산 자원이 풍부하여 끊임없는 개발이 이루어지고 있습니다.

또한 북극 지방은 아시아와 유럽, 북아메리카를 잇는 가장 짧은 거리의 항공로가 개척되어 전 세계의 관심을 받아 활기를 띠어가고 있습니다.

사막의 오아시스를 찾아라

끝이 보이지 않는 아득한 모래 벌판에는 등짐을 진 낙타의 행렬이 이어집니다.

등 위에 짐 한 뭉치를 올려놓을 때마다 끼익끼익 울며 엄살을 떨지만, 낙타 한 마리가 싣는 짐의 양은 작은 트럭만큼입니다.

건조한 기후 중에서도 가장 건조가 심하고 메말라서 식물이 자라기 어려운 넓은 들을 사막이라고 부릅니다.

유럽을 빼놓고 어느 대륙에나 있는 사막은 큰 산맥에 가로막혀서 비를 실어오는 바닷바람이 불어오지 못하는 곳에 있습니다.

가끔씩 비가 내리더라도 뜨거운 공기에 휘말려 땅에 닿기도 전에 말라 버리고 모래 위로 뜨거운 아지랑이만 피어 올리게 되지요.

인간은 물이 없이는 살수가 없습니다. 따라서 사막에서 생활하는 사람들은 오아시스를 빙 둘러싸고 살아갑니다.

사막 한가운데의 푸른땅 오아시스가 생활의 중심이 되는 것이지요.

사막 또한 북극 지방처럼 값진 보물을 안으로 품고 있습니다.

금이나 은 따위의 여러 가지 보석들이 땅 밑에 파묻혀 있기도 하고, 어떤 모래 바닥 아래에는 석유가 있기도 합니다.

계절을 대표하는 별자리 찾기

계절을 화사하게 장식해 주는 꽃들이 있듯이 밤하늘의 아름다운 별자리는 계절마다 다르답니다.

맑게 갠 밤하늘에서 반짝반짝 빛나는 별의 위치가 계절마다 다른 건 어째서일까요?

태양이나 달처럼 하루에 한 번 별이 하늘을 도는 것은 지구가 움직이고 있기 때문에 제자리에 있는 별이 움직인 듯이 보이는 것입니다.

지구는 북극과 남극을 잇는 축을 기둥삼아 서쪽에서 동쪽으로 하루 한 번 자전을 합니다. 따라서 별도 한바퀴씩 도는 것처럼 생각되지요. 이것을 별의 일주 운동이라 합니다.

매일 밤 조금씩 조금씩 앞으로 나아간 움직임이 쌓여서 1년이 지나 다시 제자리로 돌아오는 것을 별의 연주 운동이라

고 합니다. 계절에 따라 별자리가 바뀌는 것은 이 때문이지요.

우리는 그리스 신화를 통해 별자리에 대한 흥미있는 이야기를 들어왔습니다.

계절을 배워 가는 우리가 계절마다의 독특한 별자리를 모른다는 것은 창피한 일이겠지요?

봄부터 여름, 가을, 겨울까지의 별자리 여행을 떠나보도록 합시다. 별자리에 얽힌 전설적인 이야기 한자락을 들려주겠습니다.

봄 하늘의 별자리는 머리털자리, 사자자리, 처녀자리가 대표적입니다.

다음은 머리털 자리에 얽힌 신화입니다.

이집트의 왕비 베레니케는 전쟁에 나간 왕을 위해서 아프로디테 여신에게 간절한 기도를 올렸습니다. 전쟁에서 승리하여 왕이 무사히 돌아오게만 해 준다면 자신의 아름다운 금발 머리카락을 잘라서 바치겠다는 약속을 했지요.

다행히 왕이 돌아와 왕비는 머리카락 다발을 신전에 놓아두고 아침을 기다렸습니다. 그런데 이게 웬일입니까? 여신에게 바칠 머리카락이 밤새 감쪽같이 없어져 버렸습니다.

불같이 노한 왕은 신전을 지키던 사제를 죽이라는 명령을 내렸습니다.

쥐도 새도 모르게 사라져 버린 왕비의 머리카락 때문에 죄 없는 사람이 죽을 위기에 처하자 별 박사 코논은 그제야 밤하늘 사자자리의 꼬리 부분에 왕비의 아름다운 머리카락이 박혀 있는 것을 발견하고 왕께 아뢰었습니다.

왕을 향한 왕비의 지극한 사랑과 정성이 하늘의 신들을 감동시켜 온 나라 백성들이 다 볼 수 있게 아름다운 왕비의 머리카락을 별자리에 걸어 둔 것이라고요.

그 이야기를 들은 왕은 백성들에게 더욱 따뜻한 사랑을 베풀며 어질게 나라를 잘 다스렸다는 이야기를 간직한 봄의 별자리이지요.

여름 하늘의 별자리로는 거문고자리 , 돌고래자리, 전갈자리 등이 있습니다.

이 중에서 귀여운 돌고래자리는 그리스에 사는 아리온이라는 청년에 대한 전설을 품고 있습니다.

아리온은 기막힌 솜씨의 하프 연주로 사람들은 물론, 하늘의 신들과 물고기, 새들까지 감동을 시켰습니다.

어느 날 아리온은 바닷속의 수다쟁이 돌고래 블랙쇼와 친구가 되어 시실리섬에서 열리는 음악 경연 대회에 참가를 했답니다.

돌고래가 부르는 노래솜씨와 아리온의 하프 연주는 천사들이 만드는 화음같았어요.

박수 갈채와 대상을 받은 아리온은 상품으로 보석상자를 받아 고향으로 가는 배를 탔습니다.

그런데 바다 한복판에 왔을 때였어요. 열 명의 뱃사람들은 줄곧 노리고 있던 보석 상자를 빼앗고는 아리온을 꽁꽁 묶어 바닷속으로 던져 버리려고 했답니다.

아리온은 마지막 소원으로 하프 연주를 한 번만 하게 해 달

라고 사정했습니다.

잠시 후 아리온이 연주하는 하프의 곡조는 죽음을 눈앞에 맞이한 사람의 비통한 심정을 잘 표현했습니다.

바닷속에 있던 돌고래 블랙죠가 이 소리를 듣고 기다렸다가 물에 던져진 아리온을 등에 태워 몰래 배를 따라갔습니다.

아리온은 항구에 도착하자 모든 사실을 밝히고 나쁜 뱃사람들을 모조리 붙잡았습니다.

돌고래의 도움으로 죽음은 면하게 된 아리온은 언제든지 볼 수 있도록 블랙죠의 동상을 만들어 놓고 블랙죠를 생각하며 하프를 뜯곤 했습니다. 친구를 생각하는 아리온의 고운 마음을 하늘에서 보다 못한 신들이 회의를 했답니다.

바다의 왕 포세이돈은 돌고래 모양의 하늘의 별자리를 만들어 늘 아리온이 가까이 있는 듯 느끼게 해 주자고 말했습니다.

그리하여 총명하고 귀여운 돌고래는 밤하늘에서 반짝반짝 빛을 뿜으며 사람들의 마음을 밝혀 주는 돌고래 별자리가 된 것이랍니다.

아름다운 마음이 세상을 다스리는 신들까지 감동시켜 영원히 빛나는 별빛으로 두고두고 기억될 아름다운 전설이지요.

맑고 높은 가을의 별자리로는 어떤 것이 있을까요?

물고기자리와 페가수스자리, 페르세우스자리가 가을 밤하늘을 장식하는 별자리들이랍니다.

이 중에서 페르세우스자리가 생겨난 전설을 이야기해 보도록 하겠습니다.

괴물 메두사를 물리친 제우스의 아들의 용감함을 빛내 주는 별자리라고 말할 수 있습니다.

수백 개의 머리를 가진 무시무시한 괴물뱀 메두사는 머리를 하나 자르면, 그 자리에서 새로 두 개가 생겨 나오는 끔찍한 괴물이었습니다.

또한 얼마나 무섭게 생겼는지 누구든지 그 괴물의 눈과 마주치기만 해도 금세 돌로 변해 버리고 맙니다.

이렇듯 끔찍한 메두사를 물리친 페르세우스를 만나러 잠시 가 볼까요?

신들의 왕인 제우스의 아들 페르세우스는 외할아버지가 꾼 이상한 꿈 때문에 태어나자마자 어머니와 함께 상자에 넣어져 바다에 던져졌습니다.

파도에 흔들리며 계속 떠돌다가 페르세우스와 그의 어머니는 세리푸스 섬에서 구조되었습니다. 페르세우스는 성장하여 어엿한 15세 소년이 되었습니다.

그런데 페르세우스에게 큰 재난이 닥쳤습니다. 왕의 미움을 받게 되어 메두사의 머리를 통째로 잘라오지 못하면 어머니와 함께 메두사의 밥으로 만들어 버리겠다는 왕의 명령이 떨어진 것이지요.

몇날 며칠을 고민하던 페르세우스는 지혜의 신 아테네를 찾아갔습니다. 아테네 여신에게서 메두사의 눈길을 피할 수 있는 방패와 날개가 달린 신발, 메두사의 머리를 쌀 때 필요한 보자기를 얻었습니다.

며칠 동안 죽음을 무릅쓰고 싸움을 한 끝에 마침내 페르세우스는 메두사의 목을 차지할 수가 있었습니다.

섬으로 돌아온 페르세우스는 자신과 백성들을 괴롭히던 왕을 메두사의 눈빛을 이용해 돌로 만들어 버렸습니다.

페르세우스는 외할아버지가 있는 고향으로 돌아와 행복하게 살았습니다. 그러던 어느 날 자신이 잘못 던진 원반에 이마를 맞은 외할아버지께서 피투성이가 되어 돌아가시는 사고가 생겼습니다.

그제야 페르세우스는 모험을 좋아하는 자신이 그 동안 많은 생명들을 죽인 벌을 받는 것이라고 깊이 뉘우쳤습니다.

그 후 페르세우스는 아내 안드로메다와 함께 선한 일을 뜻있게 행하는 멋진 영웅으로 살다가 마침내 숨을 거두었습니다.

아테네 여신은 이들 부부의 죽음을 슬퍼하여 하늘로 올려, 별자리로 만든 것이 바로 가을 밤 깨끗한 하늘에서 반짝이는 페르세우스 별자리입니다.

마지막으로 겨울 하늘에는 어떤 별자리들이 아름다운 선설을 안고 있을까요?

쌍둥이자리, 오리온자리, 황소자리가 겨울 밤하늘을 빛내는 별자리들입니다.

오리온 별자리에 대한 전설을 들어 보실까요?

바다의 신 포세이돈과 여인들의 나라 아마존의 여왕사이에서 태어난 오리온은 키도 크고 잘생긴 얼굴에 힘도 장사인데다 사냥 솜씨가 뛰어났습니다.

자신의 실력을 너무 앞세워 이유없이 물고기와 새들을 활을 쏘아 죽였던 오리온은 자연의 생물들에게 많은 미움을 받았습니다.

그러던 중 하루는 알을 가진 잉어를 화살로 쏘아 죽였는데 그 잉어는 숨을 거두며 자신의 새끼들이 원수를 갚아 줄 것이라고 예언을 남겼습니다.

오리온은 그 일을 까맣게 잊고 키오스라는 섬에 갔다가 물을 길어오던 메도페에게 첫눈에 반해 버렸습니다. 메도페의 관심을 끌기 위해 왕의 동물들을 마구 잡아 바치던 오리온은 교활한 메도페에게 속아서 왕의 군사들에 의해 눈을 잃게 되었습니다.

오리온은 제우스에게 죄를 용서해 주길 빌고 눈을 뜨고 난 뒤에는 착한 청년이 되었습니다.

오리온은 사냥과 달의 여신 아르테미스를 만나 결혼을 약속했습니다. 그러나 아르테미스의 오빠인 태양의 신 아폴로

가 이들의 결혼을 반대했습니다.

오리온은 어느 날 강가에 홀로 앉아 자신이 쏘아 죽인 잉어를 생각하고 있었습니다.

그런데 그 때 죽은 어미 잉어의 예언대로 많은 새끼들이 오리온을 에워싸고 빙글빙글 돌며 죽음의 길로 유혹했습니다. 여기에 아폴로까지 황금 햇살로 오리온을 싸감아서 동생 아르테미스에게 못된 황금사자라고 속여 활을 쏘게 만들었습니다.

결국 오리온은 화살에 맞아서 죽고 말았습니다. 달의 신 아르테미스는 슬픔을 못이겨 눈물로 밤을 지샜습니다.

보다못한 아폴로는 제우스에게 부탁해서 오리온을 가장 아름다운 별자리로 만들어 주었습니다.

그래서 겨울 밤, 달의 여신이 은빛 마차를 타고 떠오를 때면 오리온 별자리는 온몸을 흔들어 밝고 영롱한 빛으로 달빛의 길을 인도해 주는 것입니다.

계절에 따라 다른 모습으로 빛나는 별자리들이 간직한 이러한 아름다운 이야기가 밤하늘을 더욱 환하게 수놓은 것은 아닐까요?

인공 기상과 이상 기상

아주 무더운 여름날, 여러분은 아예 냉장고 속으로 들어가고 싶은 충동을 느끼지는 않았습니까?

행여 냉방 기구의 도움으로 집 안에서는 시원하게 보낼 수 있다지만 태양이 따갑게 내리쬐는 푹푹 찌는 거리로 나가야만 한다면 생각만 해도 땀이 줄줄 흐를 것입니다.

도시 전체를 하나의 망을 씌워 거대한 에어컨을 달고 싶은 생각을 가끔 해보기도 할 것입니다.

그러나 그것은 어린이들의 상상 속에서나 가능한 일이지요.

우리 인간은 오래 전부터 발달된 과학의 힘을 이용해서 인공적으로 기상을 조절하고 싶은 꿈을 지니고 있었습니다. 그리고 현대의 과학 기술로 기상 조절을 필요에 따라 실행할 수 있게 되었답니다.

도시에서 조금만 근교로 나가 보면 터널처럼 생긴 둥그런 집들을 쉽게 볼 수가 있습니다. 이처럼 농사에 쓰이고 있는 온상이나 비닐하우스 또한 보온을 위해 인공으로 조절하는 기상 방법입니다.

햇빛에 의해 지면이 뜨거워지면 비닐로 막은 비닐하우스 안의 공기는 갇혀 있기 때문에 식물이나 농작물이 자라기에 알맞은 온도가 유지됩니다.

나무를 많이 심어서 울창하게 가꾸어 바람을 막는 노력 또한 자연 환경을 우리 생활에 편리한 방향으로 바꾸는 일인 기상 조절인 셈입니다.

이렇듯 우리가 실제 생활에서 누구나 마음만 먹으면 가능한 기상 조절 이외에도 과학 기술의 급속한 발달에 힘입어 적극적으로 날씨를 변화시킬 수가 있게 되었습니다.

현재 선진국에서 실험하고 있는 기상의 인공 조절에는 안개 제거나 인공으로 태풍의 세력을 약하게 하는 것 등이 있습니다.

비행장의 활주로에 짙은 안개가 끼어 비행기가 뜨고 내리기가 어려워지면 인공의 힘을 가해 안개를 없애는 방법이 가장 많이 쓰이지요.

어떻게 안개를 없앨 수 있을까요? 그 방법에는 드라이아이스를 뿌려 안개를 꽁꽁 얼려서 떨어지게 하는 방법과, 헬리곱터가 날아다니면서 상공의 따뜻한 공기와 지표 부근의 찬 공기를 마구 뒤섞어 안개를 없애는 방법이 있습니다

기체인 이산화탄소를 압축하여 고체로 만든 것인 드라이아이스를 뿌려 주면 물방울이 얼어서 작은 얼음덩어리로 되어 무거워서 떨어지는 것이지요.

드라이아이스를 이용해서 공중에 떠 있는 구름 입자를 밑으로 떨이지게 만들어 점점 내려가다가 녹아서 비가 되어 내리게 하는 인공비를 만들기도 합니다.

쓸데없이 비가 많이 오거나 꼭 필요할 때 비가 안 오면 구름 속에 들어가 드라이아이스로 물방울들을 큼지막하게 뭉쳐만 줘 버리면 되는 것이지요. 분무기로 물을 뿌려 주거나 소금을 뿌려도 인공비를 내리게 할 수 있습니다.

태풍이 바다에 도착했을 때 태풍 중심에다 인공비를 뿌리게 되면 태풍의 기세가 조금은 꺾이는 것이 태풍을 약화시키는 인공 기상 방법인지요.

기상의 인공 조절을 실현시키려는 연구와 실험이 계속되고 있으니 머지 않은 미래에 실현될 수 있는 꿈처럼 가슴 설레는 일이겠지요?

그렇게 된다면 미래에는 사계절의 날씨 변화나 이상기상에 관계없이 농작물을 풍년들게 할 수 있게 되는 것입니다.

기온이나 강수량, 풍속 등이 과거 30년 이상의 기간동안에 관측된 적이 없는 기상이 있습니다.

30년에 한 번 일어날까 말까 하는 이러한 현상을 이상 기상이라고 합니다.

얼마 전 중국의 상해 근교 송강현에서는 이상 기상 현상이 일어났습니다.

집 근처에서 놀던 아홉 살난 소녀가 회오리바람에 말려 올라가 하늘을 3킬로미터나 날아 10미터 높이의 고목에 걸려버린 일이 벌어진 것입니다. 때마침 그 주위를 지나던 군트럭에 의해 구조되었는데 상해의 신문에서는 "손오공 이래의 이상 큰 회오리" 라는 제목으로 떠들썩했습니다.

우리 나라에서도 사람이 날려간 기록이 없지는 않습니다. 옛 문헌에 보면, 고려 충숙왕 때 윗마을 노인이 바람에 날려 아랫마을 나뭇가지에 걸렸다고 적혀져 있습니다.

그 기록이 이상 기상일 만큼의 강한 회오리였는지 날린 노인이 너무 깡말라 종잇장처럼 가벼웠는지는 모를 일이지만 말입니다.

오래전에 방영된 영화 "허리케인"에서는 탈옥한 백인 청년이 추장의 딸과 불어닥치는 폭풍우 허리케인과 싸우는 장면으로, 영화를 본 어른들의 기억 속에 남아 있습니다. 야자나무에 몸을 묶고 성난 자연과 싸워내는 한 시간 동안의 죽음을 무릅쓴 결투였지요.

몇해 전 이 "허리케인"을 닮은 폭풍우가 플로리다를 휩쓸고 할퀴어 미국 재해 사상 최고의 피해를 내기도 했습니다.

2백만 명이 피난했고, 5만 명이 바람으로 집을 날린 엄청난 피해였습니다.

이러한 이상 기상은 왜 일어나는 것일까요?

기후의 엄청난 변동을 일으키는 원인에는 대기뿐만이 아니라 바다, 극지방의 눈과 얼음 등이 있습니다.

지구 대기는 열대 지방과 극지방의 차이를 줄이는 방향으로 조금씩 움직이고 있습니다. 지구 자전에 의해 이루어지는 복잡한 움직임이지요.

이러한 대기의 꾸준한 흐름에 이상이 생기면 세계곳곳에는 기상의 이상을 맞게 되는 것입니다.

기후를 만드는 요소들이 서로 작용하여 만드는 기후상태가 태양의 활동, 화산 분출, 인간의 산업 출동 등으로 심하게 파괴되기도 하고 충격으로 이상 현상을 보이기도 하는 것입니다.

30년만에 한 번 일어날까 말까 하는 이상 기후의 이름을 달고 말입니다.

이상 기후의 예들을 조금만 나열해 보면 1979년에서 1981년에 걸친 소련의 가뭄, 1984년의 인도에서 방글라데시까지 이어진 홍수, 1987년 유럽의 대한파라 불리우는 모진 추위 등입니다.

무시무시한 이상 기상은 한 번의 재해로만 그치지는 않습니다.

지구 온난화라는 우려와 오존층 파괴의 공포를 낳는 것이지요.

해독을 끼치는 태양 자외선을 막아 주는 지구의 이불인 오존층이 심하게 구멍이 나서 누더기 이불이 되어 가고 있다는 것은 정말 걱정되는 일이 아닐 수 없습니다.

또한 이상 기상은 서아프리카의 사막화로 1천만 명의 떠돌이 난민과 배를 곯아 굶어 죽는 수십 만의 아사자를 낳았습니다.

서태평양의 해수 고온, 동남지나해의 해수저온, 여기저기서 불쑥불쑥 일어나는 이상 기상은 언제 우리에게 쳐들어올지 모릅니다.

이상 기상의 원인을 파헤치고자 하는 끊임없는 연구는 이제 전 세계의 최대 관심사가 되고 있습니다.

우리 어린이 여러분도 고민하고 여러분의 힘으로 할 수 있는 대책을 생각해 보지 않겠습니까?

날씨는 심술쟁이

2012. 12. 10 인쇄
2012. 12. 15 발행

엮은이 대한과학진흥회
펴낸이 신 주 황
펴낸곳 스완미디어
등록 제2-4534호
주소 서울 · 중구 만리동1가 12-33 태영빌딩
대표전화 02) 393-0026
팩스 02) 312-8349

ISBN 978-89-92565-01-1

값 8,500원